北京市教育科学"十二五"规划青年专项课题（CCA11076）
"在共享角色游戏中提高幼儿交往能力的研究"课题成果

婴幼儿游戏指导丛书

李军彩 主编

YOUERYUAN GONGXIANG JUESE
YOUXI ZHIDAO

幼儿园共享角色游戏指导

北京师范大学出版集团
BEIJING NORMAL UNIVERSITY PUBLISHING GROUP
北京师范大学出版社

图书在版编目（CIP）数据

幼儿园共享角色游戏指导 / 李军彩主编. —北京：北京师范大学出版社，2016.7（2024.6 重印）
（婴幼儿游戏指导丛书）
ISBN 978-7-303-20698-8

Ⅰ．①幼…　Ⅱ．①李…　Ⅲ．①婴幼儿－游戏－基本知识
Ⅳ．①G613.7

中国版本图书馆 CIP 数据核字（2016）第 119726 号

图书意见反馈：gaozhifk@bnupg.com　010-58805079
营销中心电话：010-58802181　58805532
编辑部电话：010-58808898

出版发行：北京师范大学出版社　www.bnupg.com
　　　　　北京市西城区新街口外大街 12-3 号
　　　　　邮政编码：100088
印　　　刷：北京天泽润科贸有限公司
经　　　销：全国新华书店
开　　　本：710 mm×1000 mm　1/16
印　　　张：8.25
字　　　数：145 千字
版　　　次：2016 年 7 月第 1 版
印　　　次：2024 年 6 月第 5 次印刷
定　　　价：22.00 元

策划编辑：罗佩珍　　　　责任编辑：薛　萌
美术编辑：焦　丽　　　　装帧设计：邓　聪
责任校对：陈　民　　　　责任印制：陈　涛　赵　龙

——编委会——

前　言

社会性是幼儿全面发展的重要组成部分，其中人际交往是幼儿期社会性学习的主要内容。

当今大多数独生子女以自我为中心，表现为不关心他人，攻击性行为较多，缺乏交往的自主性、主动性，责任感不强等。这些问题的存在提醒我们必须关注对儿童的社会性发展的研究。目前，国内外研究者对幼儿良好交往行为习惯培养已经进行了很多探讨，积累了大量生动的素材和经验，但很多研究成果仅仅停留在理论分析或者经验性描述上，缺少系统的、来自实践层面的研究，因而研究成果也无法进行科学的比较、描述、推广和应用。

《幼儿园教育指导纲要（试行）》和《3～6岁儿童学习与发展指南》都倡导游戏是幼儿的基本活动，借助幼儿喜爱的游戏活动促进其幼儿良好交往行为习惯的养成，对于幼儿的成长具有重要意义，它不仅是幼儿情感、个性发展的重要依据，也是幼儿不断融入集体和社会的必备条件。在游戏这个基本活动中，幼儿可以通过扮演喜爱的角色，在活动中自主交往，在交往中寻找快乐、探索求学、大胆创新，习得并运用正确的交往方式，形成良好的交往品质，从而提升交往能力。那么，如何为幼儿搭建交往的平台，使其在自由而宽松的环境、游戏中不断提高交往能力呢？这是幼教工作者都十分关注的问题。

2011年，本人带领团队申报了北京市教育科学"十二五"规划青年专项课题"在共享角色游戏中提高幼儿交往能力的研究"（课题批准号：CCA11076）。在几年的实践研究中，我们通过创设楼道共享角色区域——为小、中、大班开设共享角色游戏，并辅以教师科学有效的指导，来帮助幼儿提高社会交往能力。在共享角色游戏中，幼儿通过角色扮演，体验相互交流、沟通、配合、协作，解决游戏中存在的问题，在自然的游戏过程中提高了交往能力。教师也在活动中尝试运用有效的指导策略与方法，逐渐引导幼儿走进交往世界，使幼儿成为一名小小的"社会人"。

本书是该课题的研究成果。全书由四个部分组成，包括：共享角色游戏概述；共享角色游戏的环境创设与指导；共享角色游戏观察记录；附录。第一章是理论基础部分，阐述了共享角色游戏的概念、原则、要求及目标，为共享角色游戏区域的创设与指导提供了依据。第二章"共享角色游戏的环境创设与指导"是本书的重点，详细介绍了幼儿园常设的20个共享角色区域的开展及活

前
言

1

动情况，每个区域都包括核心发展目标、合理角色扮演、环境创设参考、适宜指导用语四个板块，文图对应，便于读者了解把握每个区域的特色，掌握其核心要点及指导策略。第三章"共享角色游戏观察记录"，用生动的观察记录案例展现了幼儿游戏的场景、教师在其中的观察与指导策略，为读者们较好地观察、分析、指导游戏提供了有价值的参考和借鉴。最后一部分是附录部分，收录了四篇研究过程的文章，对于共享角色游戏研究的前因后果、研究过程、研究结果进行了全面总结。总体而言，本书基于研究、来源实践，有思考、有操作、有提升、有总结，在共享角色区域的创设、支持性环境的营造、不同年龄班游戏材料的投放、游戏过程中教师的指导等方面，给广大一线教师提供了具体的参考和帮助。

　　研究的过程是一个不断发现问题、解决问题的过程，我们的课题研究虽然暂时告一段落，但我们的探索尚未结束。我们将继续前行、不断成长！

执笔人：李军彩
2016 年 5 月

目　录

第一章　共享角色游戏概述

陈鹤琴先生说过："小孩子是生来好动的，以游戏为生命的。"并且提出，"游戏就是工作，工作就是游戏"的原则。这是对儿童游戏这一普遍现象的正确总结。爱玩是孩子的天性，在幼儿园的各项活动中，游戏占有特殊的地位，是孩子的重要活动，是幼儿获得快乐的原动力。陈鹤琴先生在《儿童心理之研究》中还说过，"游戏是儿童的生命"。可见游戏对学前儿童有特殊的价值。学前期的儿童就要以游戏为主，剥夺学前儿童的游戏活动，则会窒息了他们的童年生活，将造成他们发展的畸形。

在各种幼儿园游戏中，角色游戏，特别是打破年龄界限的共享角色游戏，尤其具有特色，对幼儿交往发展具有极大的促进作用。它是幼儿的一种主体性活动，直接反映为以下三方面特征：独立、自主性；主动、能动性；探究、创造性。角色游戏是幼儿以模仿和想象，通过角色扮演，创造性地再现周围社会生活的一种游戏，它实现了幼儿、教师、材料三向交流的可能性。角色游戏与其他游戏相比，更突出地表现出两个最基本的特征：一是角色游戏是高度的独立自主性活动；二是角色游戏是特殊的创造性想象活动。正是由于角色游戏具有以上特点，因此，打破班级的角色共享游戏更是幼儿主体性发展的重要手段和途径，对幼儿发展有着重要的意义。

我们开展"在共享角色游戏中提高幼儿交往能力的研究"的目的是希望通过游戏培养幼儿在园期间的社会交往能力，让孩子们从小树立正确的交往观、友谊观、合作观，增强其在积极主动的交往中获取信息、沟通情感、增进了解的能力，使幼儿在自主性交往合作中形成积极的自我概念和健康个性。幼儿期，儿童的社会需要日益增长，交往是儿童强烈的心理需求。通过社会交往，幼儿可以了解和认识人与人之间、人与社会之间的正常关系，克服任性、以自我为中心等不利于社会交往的行为，发展行为调节的能力和社会活动的能力，充分发展个性，以形成适应社会要求的社会性行为。而共享角色游戏是幼儿创造性地反映现实生活的一种游戏，游戏中幼儿不分大小，扮演角色可以充分包括社会各行各业，涉及周围各种环境。因此，共享角色游戏可以帮助幼儿在体验成人的生活经验中认识社会，而且可以促进相互交往，对促进幼儿社会交往能力的发展具有特殊的功能和意义。共享角色游戏遵循的原则和方法突出"共享"两个字，强调的是小、中、大班共同参与角色扮演的游戏活动，四项原则

1

（见本章第一节）为教师们创设共享角色区域提供了依据，同时三项要求（见本章第一节）的使用，也为幼儿有效开展共享游戏提供了帮助。共享角色游戏目标是本书的一大亮点，此目标的制定主要依据《幼儿园快乐与发展课程教师教学用书》，将其中的社会领域目标进行整理、归纳，并与我园共享角色游戏目标的有机结合。目标的制定基于共享角色游戏的概念及原则，细化了小、中、大三个年龄段的幼儿发展目标，同时也为共享角色游戏的开展明确了方向。

第一节　概念、原则与要求

一、共享角色游戏的概念

共享角色游戏概念的界定是通过多项研究而制定的。在过程中，首先确定了什么是角色游戏，角色游戏都包含了哪些内容；其次又查阅了什么是幼儿交往能力，提高幼儿交往能力的有效方法与手段包括哪些。在两个概念明确后，拟定了共享角色游戏的概念。

（一）角色游戏

角色游戏是指幼儿通过模仿和想象，扮演各种角色，创造性地反映现实生活的游戏，也是幼儿期最典型、最有特色的一种游戏。

（二）幼儿交往能力

幼儿交往能力是指幼儿乐意与人交往，在团体中主动与同伴一起游戏，彼此交流、沟通、分享等能力的发展。

（三）共享角色游戏

创设公共的角色游戏场所，小、中、大班幼儿共同参与角色扮演，共享玩具材料、环境设施的游戏，我们称为共享角色游戏。

二、共享角色游戏的原则

共享角色游戏主要突出的是"共享"两个字，分别表现为环境创设、材料投放、角色扮演和教师指导四个方面。四项原则分别为：区域创设符合小、中、大班共同参与游戏的原则；材料投放依据不同年龄班幼儿发展的原则；角色扮演围绕大带小开展游戏的原则；教师指导适合混龄幼儿多角度语言发展原则。四项原则的制定，为规范和研究活动的开展提供了依据。

三、共享角色游戏的要求

共享角色游戏的要求很明确，主要是对幼儿、教师和家长三方面的要求，分别为以下内容。

（一）对幼儿的要求

幼儿是游戏的主人，在共享角色游戏中要让每个幼儿都了解游戏、认识角色并能参与游戏并不简单。因此，开展共享角色游戏对幼儿要有一定的要求。

1. 和教师一起创设共享角色区域

幼儿和教师一起创设共享角色区域，布置其中的环境，参与游戏规则的制订。

2. 认识和了解每个共享角色区域

幼儿在教师的带领下认识所有的共享角色区域，包括玩法、规则和需要扮演的角色等；还可以录制区域游戏介绍光盘，幼儿通过观看光盘进一步地认识与了解区域的特点。

3. 了解扮演的角色并有相关经验

共享角色区域的创设来自于幼儿的日常生活，都是孩子日常看得见及摸得着的。因此，游戏中需要幼儿对日常生活中服务员、医生等职业的工作内容有所了解，并在游戏中尝试扮演角色，积累相关经验。

（二）对教师的要求

教师是共享游戏的重要实施者，因此在日常的游戏活动中对教师要有更加具体的要求。

1. 要支持接纳每一位参与游戏的幼儿

根据幼儿的年龄特点和个性差异，营造平等、关爱、友善的共享角色区域环境，支持、接纳每一位幼儿的发展。

2. 为幼儿角色扮演营造良好的交往氛围

教师为幼儿角色扮演营造良好的环境氛围，引发师幼互动、同伴互动，开展角色扮演的游戏。

3. 教师在角色扮演中注重榜样示范作用

教师注重参与游戏中角色的扮演，如餐厅经理、超市收银员等，为幼儿树立榜样，促使师幼间相互学习、共同发展。

4. 游戏活动注重教育目标的全面渗透

在共享角色游戏中，教师要渗透各领域教育目标，在发展幼儿社会性交往的同时将科学、艺术、语言、健康等内容融入其中，促进幼儿多方面的发展。

（三）对家长的要求

家长在配合幼儿园教育中，首先，要让家长了解幼儿园共享角色游戏的基本内容，了解要为孩子拓展哪些相关的知识经验。其次，家长可根据自己的专业或工作，配合幼儿园开展多方面的教育活动，如：医生家长为孩子讲述相关的健康卫生知识、怎样接待病人、帮助病人战胜病魔的故事等。最后，家长可以在家庭中为孩子创设健康、宽松、和谐的家庭氛围，在日常生活中有意识地关注自己的行为对幼儿潜移默化的影响，为孩子起到榜样示范的作用。

第二节　共享角色游戏的目标

在创设共享角色区域中，结合《幼儿园快乐与发展课程教师教学用书》（北京师范大学出版社出版）中关于小、中、大班社会领域的目标进行了分类整理，明确了共享角色区域创设应具备哪些适合小、中、大班幼儿社会性发展的共同点。主要从六个方面进行总结：情绪情感；规则意识；社会交往；事物认知；科学认知；语言表达。

1. 情绪情感

小班：

愿意参加角色游戏，在游戏中情绪愉快。

中班：

（1）能用正当的方式表达自己的感情和需要。

（2）能关注别人的感情、兴趣和需要。

大班：

在角色扮演的过程中获得积极的情绪体验。

2. 规则意识

小班：

（1）初步体验规则的作用，愿意遵守游戏规则。

（2）游戏后愿意收拾整理玩具材料，做自己能做的事，体验自尊、自信。

中班：

（1）有规则意识，逐渐形成自控能力。

（2）学会收拾整理玩具物品，不乱扔废弃物，随地吐痰，不乱写乱画，能保持环境整洁。

大班：

能在游戏结束后有秩序地将游戏材料收放整齐。

3. 社会交往

小班：

（1）愿意用语言与别人交往，喜欢应答，并能注意倾听他人讲话。

（2）愿意和小朋友一起玩，能对他人的交往做出积极的回应。

（3）在游戏中学习使用简单的礼貌用语，如"请进""你好"等。

（4）初步学会等待、轮流、分享，能判断一些简单行为的对与错。

中班：

（1）积极主动地与同伴交往，学习分享、谦让与合作。

（2）学习做选择、计划和决定，并能执行和表达，有初步的独立意识和责任感。

（3）尝试学习解决与他人交往中的问题。

（4）与同伴和成人建立良好的关系。

大班：

（1）能在游戏中理解和体验自己所扮演的角色，以角色的身份主动地调控自己的情绪和行为。

（2）能主动、友好地与其他角色合作游戏，懂得尊重别人的意愿。

（3）能根据角色的需要，选择、制作和使用适宜的游戏材料和工具，并能根据游戏的需要不断地丰富活动环境。

4．事物认知

小班：

（1）在游戏中能够自由想象与模仿，以自己的方式表达对周围生活的认识和理解。

（2）有好奇心，喜欢探索，积极运用多种感官感知周围事物。

中班：

（1）能与他人谈论个人的经验，描述自己经历或熟悉的物体和事件。

（2）形成积极的自我认识。

大班：

能在生活中主动关注自己周围的社会环境，积累与社会角色相关的经验，理解人们之间的关系。

5．科学认知

小班：

体验事物的简单特征，不断丰富相关经验，如对常见事物进行简单的分类、对应、比较和排序，点数 5 个物体以内的物品等。

中班：

尝试运用比较的方法感受异同，至少能够从一个维度对常见的事物进行分类。

大班：

能借助生活经验发挥想象力，不断丰富游戏情节。

6. 语言表达

小班：

愿意用语言与别人交往，喜欢应答，并能注意倾听他人讲话。

中班：

能用正当的方式表达自己的感情和需要。

大班：

能根据游戏情境的需要大胆地表达、生动地表现自己所扮演的人物角色，反映自己对现实生活的理解和认识。

第二章 共享角色游戏的环境创设与指导

共享角色游戏的环境创设与指导是在多年的研究中产生的，包括共享角色区域创设、支持性环境打造、玩具材料投放和指导的具体方法。在研究中，根据各班孩子的年龄特点和实际认知水平，我们创设了适合小、中、大班的共享角色区域20个，打造支持性环境与投放对应材料上百个，为幼儿在角色区域开展丰富的交流、交往活动创造了条件。

在共享角色区域创设过程中，首先，我们突出强调了三点：（1）区域游戏突出共同参与；（2）区域布局关注相互关联；（3）区域内容贴近日常生活。在构建楼道共享角色区域的同时，注重固定与流动相匹配，服务与消费相结合的共享角色区域的创设，充分利用空间，挖掘更多的促进幼儿交往价值，为幼儿交往搭建更加广泛的平台。其次，全面打造促进共享游戏的支持性环境，主要从宣传性、教育性和指导性关注幼儿学习、参与，激发了幼儿参与游戏的愿望，为幼儿有效开展交往活动创造了必备条件。

本书主要根据小、中、大不同年龄班核心发展目标、不同年龄班合理扮演角色、环境创设参考图片，以及游戏活动的前、中、末三方面的指导用语进行了细致的记载，内容翔实、具体，做到每个共享角色区域各有不同，是本书的一大亮点。

第一节 美发屋

一、核心发展目标

小班：

（1）愿意参加美发屋游戏，能够扮演简单的角色，并在游戏中情绪愉快。

（2）能够模仿美发师或小客人开展游戏，知道玩过的玩具送回原处。

（3）愿意和不同年龄的幼儿一起玩，能够在游戏中回应他人的问话。

（4）在做"美发屋"客人时，会使用礼貌用语："谢谢""你好"等。

中班：

（1）游戏中，能关注别人的情感和需要并正确表达。

（2）遵守"美发屋"的游戏规则，能够控制自己的言行。

（3）能够扮演"美发屋"的服务人员和客人，友好地与不同年龄班幼儿开展游戏。

（4）能将"美发屋"的相关经验与同伴们分享交流。

大班：

（1）在角色扮演的过程中，获得积极的情绪体验，游戏结束后有秩序地收放玩具材料。

（2）能体验、理解"美发师、设计师、客人"的角色内容，并能主动与同伴和弟弟、妹妹合作开展游戏。

（3）能够根据"美发屋"的需要，预约或制作补充相应的玩具材料。

（4）能够理解"美发屋"角色之间的关系，借助生活经验，发挥想象，丰富游戏情节。

（5）能够根据角色情景，大胆地用语言进行表达。

二、合理角色扮演

小班可扮演角色：迎宾、客人、梳理假发的助理（夹夹子）、小工（擦桌子、扫地、端水等）。

中班可扮演角色：客人、洗头、发型推荐员、助理（随时整理台面的材料）。

大班可扮演角色：造型师——假发（戴到客人头上）、收银员、主管人员、指导中、小班幼儿参与游戏。

三、环境创设参考

图 2-1　"美羊羊"发屋整体环境

图 2-2　支持性环境：服务公约

图 2-3　支持性环境：发型设计

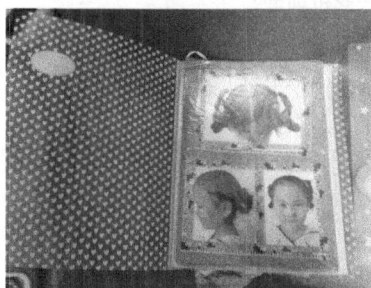

图 2-4　材料投放：发型图册

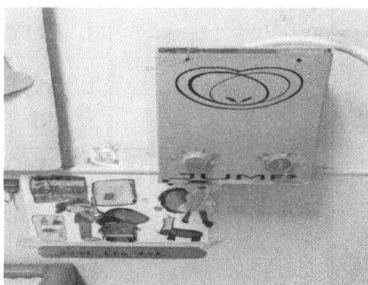

图 2-5　材料投放：洗发热水器

四、适宜指导用语

（一）活动前

年龄班	现　象	指导语
小班	来到区域不知道玩什么。	1. 你愿意当客人还是当服务人员？ 2. 小客人，让造型师来给你做头发吧！（中、大班幼儿带动玩） 3. 你好，你愿意做个新造型吗？ 4. 你能和我一起给小娃娃梳个漂亮的头型吗？
中班	争抢角色或材料。	1. 看看你戴的是什么标志？ 2. （请大班的幼儿邀请）我需要一个助理，你愿意帮助我吗？ 3. 今天你先做××，明天你再来做你喜欢的××，行吗？
	犹豫不敢大胆参与"美发屋"活动。	1. 问问哥哥姐姐你需要做什么工作。 2. 欢迎你来做××工作，欢迎你来我们美发厅做个新发型。
大班	不知道如何进行角色分工。	1. 你们好好商量商量？ 2. 你们快想一个办法，早点把角色定下来，就可以游戏了。

（二）活动中

年龄班	现象	指导语
小班	不能持续完成活动区游戏。	1. 我们和哥哥姐姐一起玩，好吗？（请中大班幼儿带领游戏） 2. 你可以问问哥哥姐姐有什么需要帮忙的。
	不会正确使用玩具材料。	1. 你看我是怎么用的。 2. 这个是这样用的。 3. 让哥哥姐姐帮帮你吧。
	在游戏中不敢大胆表达。	1. 你可以这样说…… 2. 你有什么需要我帮助的？ 3. 我带着你跟哥哥姐姐说，好吗？
	争抢玩具。	1. 你们俩都特喜欢这个卡子，还有更好看的呢！ 2. 小卡子都坏了，怎么办啊？
中班	在操作中遇到困难终止参与。	1. 看看图示学一学。 2. 别着急，再试一试，你一定能行的。
	规则意识较为淡薄。	1. 看看哥哥姐姐是怎么做的。 2. 看看图片，想一想接下来该做什么。 3. 你是××角色，你应该这样做……
	在参与中角色间易发生矛盾。	1. 你们商量一下能有什么好的办法。 2. 教师提示幼儿角色职责。
	不会运用角色语言进行交流。	想一想，你理发的时候理发师对你说什么了？（教师提示幼儿已有经验）
大班	游戏持续的时间较短。	1. 交给你一个任务，请你把它完成，好吗？ 2. 请看看，有没有人请你帮忙？ 3. 想一想，还有没有别的玩法吗？
	解决角色游戏中的问题的办法较少。	1. 你试一试像我这样，行不行？ 2. 问问你的好朋友她有没有好办法。 3. 我们大家帮她想个好办法，好吗？
	在游戏的玩法和角色交流方面缺乏创新性。	1. 想一想，有不一样的玩法吗？ 2. 你能发明一种你最喜欢的玩法吗？
	游戏中忽略带动中、小班的幼儿共同游戏。	1. 请你当个小老师教弟弟妹妹怎么玩，好吗？ 2. 看一看，弟弟妹妹有什么需要你帮忙的地方吗？ 3. 请你邀请弟弟妹妹参加游戏。

（三）活动后

年龄班	现 象	指导语
小班	不能整理收放玩具。	1. 我想回家了，你能送我回家吗？ 2. 看哥哥姐姐是怎么收玩具的。 3. 和我一起把玩具收起来吧。
	不善于自我梳理经验。	1. 今天你玩得真棒，欢迎你下次再来。 2. 你能跟伙伴说说，你今天都玩了什么吗？
	活动后不愿意离开。	美发屋已经下班了，明天欢迎你再来好吗？
中班	不能坚持将玩具收完。	1. 请你把玩具收完，欢迎你下次再来玩！ 2. 请你按照标记收放整理好。
	不善于自我积累游戏经验。	1. 你今天玩了什么角色？你是怎么玩的？ 2. 欢迎你下次还来尝试别的角色。
大班	不善于自我提升经验。	1. 今天在游戏中你都有哪些好的玩法，你还记得吗？ 2. 请你跟大家说一说你玩游戏的收获。

第二节　糖果屋

一、核心发展目标

小班：

（1）在成人及哥哥姐姐的鼓励下参与买卖糖果的游戏，保持情绪愉快。

（2）认识"糖果屋"的游戏材料，知道游戏后将玩具送回原处。

（3）了解"糖果屋"的游戏规则，在他人的提醒下遵守规则。

（4）在游戏中愿意回应他人的问话，在鼓励下大胆表达自己的意愿。

（5）在买卖游戏中会使用"你好""谢谢""再见"等简单的礼貌用语。

中班：

（1）担当服务员角色时，在成人的提示下能关注别人的情感和需要，有礼貌地接待客人。

（2）遵守"糖果屋"的游戏规则，当违反规则时愿意接受他人的意见并改正。

（3）愿意与不同年龄的小朋友游戏，在买卖游戏中遇到矛盾问题能友好地解决。

（4）愿意将游戏的经验与他人分享。

大班：

（1）能在游戏中理解和体验自己所扮演的角色，获得积极的情绪体验。

（2）在买卖糖果的过程中，能关注弟弟妹妹的情绪与需求，主动给予指导与帮助。

（3）能根据游戏的角色需求解决游戏中遇到的问题，不断丰富游戏内容。

（4）游戏后能与同伴分工合作，有序地整理玩具材料。

二、合理角色扮演

小班可扮演角色：顾客（购买商品）、制作员（制作糖果）。

中班可扮演角色：售货员（卖糖果收钱）、制作员（制作糖果）、顾客（购买商品）、指导员（指导客人做糖果）。

大班可扮演角色：售货员（卖糖果收钱）、制作员（制作食物）、顾客（购买商品）、指导员（指导客人做糖果）。

三、环境创设参考

图 2-6　"糖果屋"整体环境

图 2-7　支持性环境：糖果纸宣传海报

图 2-8　支持性环境：糖果包装制作流程

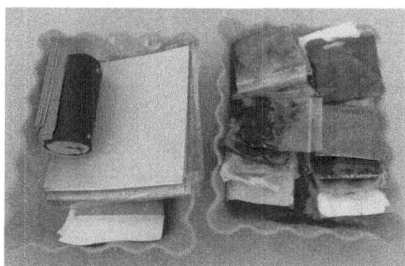

图 2-9　材料投放：橡皮泥

图 2-10　材料投放：糖果与双面胶

四、适宜指导用语

（一）活动前

年龄班	现象	指导语
小班	不知道如何加入游戏。	1. 你想买点儿什么糖果吗？ 2. 有哥哥姐姐帮助你，不要怕。 3. 你喜欢什么糖果，大胆说出来。
中班	争抢角色。	1. 东西都准备好了吗？一会儿客人就要来了。 2. 你们可以先玩一会儿，然后再交换工作。
中班	不主动做准备工作。	1. 看看哥哥姐姐做什么呢？ 2. 客人要来了，快做好准备。
大班	不知道如何分工角色。	1. 游戏要开始了，想个最快的方法分角色。 2. 你们先说出自己想扮演的角色，大家再一起协商。

（二）活动中

年龄班	现象	指导语
小班	进入制作区后，不会使用材料，或制作一半就离开。	1. 看哥哥姐姐是怎样做的。 2. 可以请哥哥姐姐帮助你。
小班	不能大胆表达自己的意愿。	1. 你可以这样说…… 2. 有什么需要帮助的告诉哥哥姐姐。 3. 我和你一起去说。
小班	买糖时要得过多。	1. 糖吃多了牙齿会长虫子。 2. 买这么多糖，要和朋友分享。
小班	拿完糖不知道交钱。	1. 交完钱才能把东西拿走。 2. 妈妈带我们买东西是怎样交钱的？

年龄班	现　象	指导语
中班	在操作中遇到困难，终止参与。	1. 看看图示学一学。 2. 别着急，再试一试，你一定能行的。
	顾客多时，应接不暇。	1. 你可以请其他朋友跟你一起卖糖果。 2. 你想想有什么方法能不让顾客等待呢？
	不按规则游戏。	1. 你们商量一下能有什么好的办法。 2. 请你看看别的小朋友是怎么做的。 3. 看看规则图，想想应该怎样做。
	不会运用角色语言进行交流。	1. 想一下，商场的售货员都说些什么？ 2. 问问客人需要什么帮助。
大班	顾客不说话时，不知道怎么办。	1. 你可以向顾客介绍有什么糖果。 2. 你买东西时，售货员是怎样做的？
	在买卖糖果时遇到问题，解决问题的办法较少。	1. 你试一试像我这样，行不行？ 2. 问问你的好朋友她有没有好办法。 3. 我们大家帮她想个好办法，好吗？
	不知怎样指导弟弟妹妹。	1. 像老师教你一样，一步一步教弟弟妹妹。 2. 要有耐心，别着急。

（三）活动后

年龄班	现　象	指导语
小班	没有收放玩具。	1. 玩具想回家了，你能送它们回家吗？ 2. 和哥哥姐姐一起收玩具吧。
	不会梳理经验。	1. 你今天都买（做）什么糖果了？ 2. 别人帮助你的时候说"谢谢"了吗？
	玩完不愿意离开。	糖果屋已经关门了，请你下次再来玩吧！
中班	幼儿不能坚持将玩具收完。	1. 请你把玩具收完好吗？谢谢你！ 2. 请你按照标记收放整理好玩具。
	不善于自我积累游戏经验。	你今天玩了什么角色？你是怎么玩的？
大班	不善于自我提升经验。	1. 今天在游戏中你都有哪些好的玩法，你还记得吗？ 2. 请你跟大家说一说你玩游戏的收获。

第三节　医　院

一、核心发展目标

小班：

（1）在成人鼓励下勇敢地参与看病的游戏，情绪愉快。

（2）在游戏中能够自由想象与模仿病人角色。

（3）能认真倾听医生角色说的话，并给予回应。

（4）会使用简单的礼貌用语："你好""谢谢""再见"等。

中班：

（1）游戏中，能按医患角色正确表达自己的情感和需求。

（2）尝试和同伴分配医护角色，在成人提示下友好协商。

（3）遵守游戏规则，能按标记收放玩具材料。

（4）能将"小医院"的相关经验与同伴们分享交流。

大班：

（1）能理解和体验自己所扮的医患角色，以角色的身份调控情绪和行为。

（2）能主动、友好地与其他角色合作游戏，懂得尊重病人或医生的意愿。

（3）借助生活经验，发挥想象，丰富看病游戏情节。

（4）有一定的健康知识，愿意与他人分享。

二、合理角色扮演

小班可扮演角色：病人、制药员。

中班可扮演角色：病人、制药员、医生、护士、药剂师。

大班可扮演角色：病人、制药员、医生、护士、药剂师、医生助理、引导员、收费员。

三、环境材料参考

图 2-11　小医院整体环境

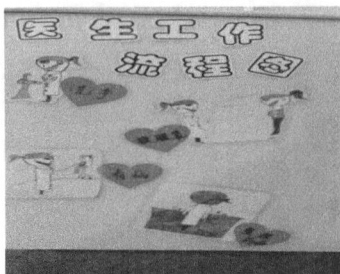

图 2-12　支持性环境：工作流程

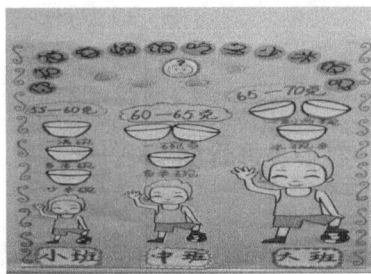

图 2-13　支持性环境：健康宣传

材料投放：患者信息卡

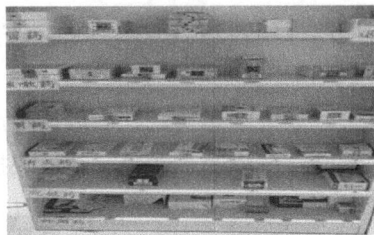

图 2-15　材料投放：药品

四、适宜指导用语

(一) 活动前

年龄班	现　象	指导语
小班	不敢参与游戏。	1. 你愿意跟我们一起游戏吗？ 2. 我们一起玩小医院的游戏好吗？ 3. 你愿意扮演小病人吗？
中班	争抢角色。	1. 医院里还需要哪些医护人员？ 2. 晚上有病人怎么办？
	混用材料。	1. 医生给病人看病时用什么呀？ 2. 护士都干什么？会用到哪些工具呢？ 3. 听诊器是护士用的吗？
大班	不知道如何进行角色分工。	1. 你们先商量一下谁当医生、谁当护士、谁当病人。 2. 医生、护士、病人都做些什么呢？

（二）活动中

年龄班	现　象	指导语
小班	游戏中不敢说话。	1. 你哪儿不舒服呀？ 2. 你几岁了？声音真好听！ 3. 哥哥姐姐问什么，你就回答什么，好吗？
	等的时间长，想退出游戏。	1. 你先看会儿图画书吧！ 2. 让护士给你量一下身高、体重，好吗？
中班	玩一会儿就不想玩了。	1. 医生我家孩子肚子疼得厉害，您帮我们看看。 2. 护士，麻烦您帮我家的小孩量一下身高，好吗？
	不会根据角色主动进行语言交流。	1. 想一想，爸爸妈妈带你去医院的时候是怎么跟医生说的？ 2. 你问问小病人有什么需要你帮助的，好吗？
	不知怎样正确使用工具给病人看病。	1. 问问哥哥姐姐怎样看病。 2. 你看病时的医生是怎样用这个工具的？
大班	遇到问题不知道怎么办。	1. 咱们一起帮他想想办法，好吗？ 2. 你问问小朋友，看看他们有什么好办法。
	游戏中与中、小班幼儿互动较少。	1. 问问弟弟有什么需要你帮忙的地方。 2. 小妹妹不知在哪里挂号，你帮她一下。

（三）活动后

年龄班	现　象	指导语
小班	不能整理收放玩具。	1. 看哥哥姐姐是怎么收玩具的。 2. 和我一起把玩具收起来吧。
	不会梳理经验。	1. 今天看的什么病？医生给你怎么看的？开了什么药？ 2. 你能跟伙伴说一说，你今天都玩了什么吗？
中班	不能坚持将玩具收完。	1. 请你把玩具收完，让小玩具都回到自己的家！ 2. 看看这个玩具是放在这儿么？仔细看看标记上画的是什么？
	不善于自我积累游戏经验。	1. 你今天玩了什么角色？你是怎么玩的？ 2. 欢迎你下次再来尝试别的角色。
大班	不善于提升游戏经验与大家分享。	1. 游戏前你们是怎样分工的？ 2. 给病人看病时你是怎么问的？ 3. 你们跟弟弟妹妹是怎样玩的？

第四节　照相馆

一、核心发展目标

小班：

（1）认识"照相馆"提供的玩具材料，了解对应的环境及玩具玩法。

（2）喜欢参加照相馆的游戏，能够利用角色的扮演进行装扮、照相，体验照相的快乐。

（3）能够与不同年龄幼儿一起游戏，丰富幼儿"照相馆"游戏活动的经验。

（4）在"照相馆"游戏时，能够用语言与小朋友交流，会使用一些礼貌用语。

中班：

（1）在"照相馆"游戏中，能够关注小朋友的需求，听取同伴的一些观点与意见。

（2）遵守"照相馆"游戏的规则，能在游戏活动后，按物品的用处进行整理，分类摆放。

（3）能够与不同年龄幼儿一起游戏，并能与同伴交流游戏活动的一些简单经验。

（4）在游戏中，有良好的交往行为、初步体验与别人建立良好关系的益处。

大班：

（1）能够主动地与同伴、弟弟妹妹一起游戏，友好合作地共同活动。

（2）能理解"摄影师""摄影助理"和"客人"的角色内容，以角色的身份主动调节自己的言行。

（3）能够根据"照相馆"的游戏情景需要，丰富游戏内容，补充一些简单的游戏玩具。

（4）能够在游戏后，快速有序地收放"照相馆"的游戏材料。

二、合理角色扮演

小班可扮角色：迎宾员、客人、梳理假发的助理（夹夹子）、小工（擦桌子、扫地、端水等）。

中班可扮角色：客人、洗发工、发型推荐员、助理（随时整理台面的材料）。

大班可扮角色：造型师利用假发为客人设计不同的发式造型、收银员、主管人员、指导中、小班幼儿参与游戏。

三、环境创设参考

图 2-16 "照相馆"整体环境

图 2-17 支持性环境：移动功能墙

图 2-18 支持性环境：相框制作图

图 2-19 材料投放：自制的服装

图 2-20 材料投放：自制的相框

四、适宜指导用语

（一）活动前

年龄班	现　象	指导语
小班	来到照相馆不知道干什么。	1. 你想来照相馆照张艺术照片吗？ 2. 请来我们维尼工作室照相吧。

幼儿园共享角色游戏指导

年龄班	现　象	指导语
中班	争抢角色。	1. 你们商量一下当什么角色？ 2. 今天你先做××，明天你再来做你喜欢的××，行吗？
	有参与游戏的愿望但不敢表达（如摄影师、收银员、服装师）。	1. 欢迎你来我们的维尼照相馆！ 2. 今天我们照相馆有活动，快来照相吧！
大班	不熟悉角色任务。	1. 想一想你去照相馆的时候，××角色都做什么？ 2. 你觉得××角色可以做些什么？请你试一试。

（二）活动中

年龄班	现　象	指导语
小班	进去后不知道干什么。	你最喜欢哪件服装，换上后摄影师给你照相好吗？
	不会正确使用材料制作相框。	1. 你看我是怎么做的。 2. 让哥哥姐姐教你好吗？
	在游戏过程中缺少交流意识。	你想跟哥哥姐姐说些什么？
	在游戏中不敢大胆表达。	1. 你可以这样说…… 2. 你有什么需要我帮助的吗？ 3. 我带着你跟哥哥姐姐说好吗？
中班	在操作中遇到困难时幼儿终止参与。	别着急，再试一试，你一定能行的。
	规则意识较为淡薄。	1. 看看小朋友是怎么做的。 2. "主管"对幼儿进行提示。（你现在是××角色，你应该怎样做）
	在参与角色中会发生矛盾	想一想，有什么好办法吗？
	在游戏过程中运用角色语言进行交流机会较少。	想一想，你在照相的时候摄影师都对你说什么了？（教师引发幼儿已有经验）

年龄班	现　象	指导语
大班	游戏持续的时间较短。	1. 交给你一个任务，请你把相框做完，好吗？ 2. 问问有没有人需要请你帮忙。
	解决角色游戏中的问题的办法较少。	1. 你试一试像我这样，行不行？ 2. 问问你的好朋友她有没有好办法。 3. 我们大家帮她想个好办法，好吗？
	游戏中与中、小班幼儿共同游戏互动较少。	1. 请你当个小老师教弟弟妹妹怎么做，好吗？ 2. 看看弟弟妹妹有什么需要你帮忙的地方，好吗？ 3. 请你邀请弟弟妹妹参加游戏。
	制作相框的幼儿不能将材料放回原处。	1. 你看看这些材料是放在什么地方的？ 2. 你能把这些材料放回原处吗？

（三）活动后

年龄班	现　象	指导语
小班	没有收放玩具。	1. 玩具想回家了，你能送它们回家么？ 2. 和哥哥姐姐一起收玩具吧。
	不会梳理经验。	1. 今天你玩得高兴吗？你今天在照相馆都做了什么事？ 2. 别人帮助你的时候说"谢谢"了吗？
中班	不能坚持将玩具收完。	1. 请你把玩具收完，欢迎你下次再来玩！ 2. 请你按照标记收放整理好。
	不善于自我积累游戏经验。	1. 你今天玩了什么角色？你今天有什么收获？ 2. 欢迎你下次再来玩别的角色。
大班	不善于提升游戏经验。	1. 游戏中你遇到了哪些困难？你是怎么解决的？ 2. 你跟大家介绍一下你做了些什么事？

第五节　超　市

一、核心发展目标

小班：

（1）喜欢参加超市游戏，能够模仿生活中购买商品的行为进行游戏，体验超市购物游戏带来的快乐。

（2）能够与不同年龄幼儿一同游戏，丰富他们游戏活动的内容。

（3）在超市游戏中，能主动地用语言与小朋友交流，喜欢应答，并能使用一些常见的礼貌用语。

中班：

（1）在超市游戏中，能够表达自己的需要，正确的表述自己的观点。

（2）遵守"超市"游戏的规则，能在游戏后较快、整齐地收放材料，不乱写乱画。

（3）能够与不同年龄幼儿一起游戏，并能描述超市游戏中自己经历的熟悉事情。

（4）在游戏活动中，能够尝试用语言协商，解决与小朋友交流中出现的问题。

大班：

（1）能够主动地与同伴、弟弟妹妹一起游戏，尊重别人的游戏意愿。

（2）能够理解体会"接待员""收银员""顾客"之间的关系，并尝试用角色身份的语言解决同伴间出现的问题。

（3）借助幼儿的生活经验，不断地丰富"超市"游戏活动的内容，并能与同伴共同分享游戏经验。

（4）能够在游戏后，与同伴一起合作，快速有序地收放游戏材料。

二、合理角色扮演

小班可扮演角色：顾客、收银员助理。

中班可扮演角色：收银员（收钱）、推销员（发放试吃产品）、保安（维护秩序）、顾客（购买商品）。

大班可扮演角色：收银员（收钱）、推销员（发放试吃产品）、保安（维护秩序）、顾客（购买商品）。

三、环境创设参考

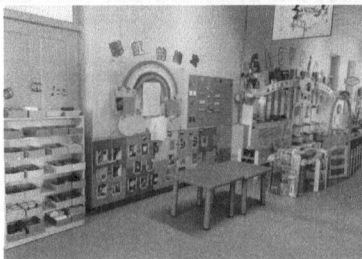

图2-21　"超市"整体环境

图 2-22　支持性环境：商品加工图

图 2-23　支持性环境：价目表

图 2-24　材料投放：超市食品

图 2-25　材料投放：加工商品

四、适宜指导用语

（一）活动前

年龄班	现象	指导语
小班	不知道如何加入游戏。	1. 你想买点儿什么吗？ 2. 进超市去选一选吧。 3. 问问收银员需要什么帮助。
中班	争抢角色。	1. 看看你戴的是什么标志？ 2. （请大班的幼儿邀请）我需要一个助理，你愿意帮助我吗？ 3. 今天你先做××，明天你再来做你喜欢的××。
	有参与游戏的愿望但不敢表达。（如推销员，不敢推销自己的产品）	1. 欢迎你来品尝我们超市的新产品。 2. 你给大家介绍一下。
大班	不知道如何进行角色分工。	1. 你们好好商量商量？ 2. 你们想一个办法，能快点把角色定下来，就可以开始游戏啦。

（二）活动中

年龄班	现　象	指导语
小班	进入后，无所事事，不知道干什么。	1. 你最喜欢吃什么？拿个小筐去挑一挑吧。 2. 把选好的东西，装进小筐里，去交钱吧。
	食物拿得过多。	1. 太沉了，我们拿不动了。 2. 妈妈告诉过你，一次买几样东西，不能买太多。
	不能遵守游戏秩序。	1. 交完钱才能拿着东西出超市。 2. 妈妈带我们去超市时是怎样交钱的？（一个一个交） 3. 交钱的人这么多，我们应该怎么办？咱们看看哥哥姐姐是怎么做的。
	只在一个柜台选物品。	1. 你觉得这个好吃吗，如果好吃，超市里面有卖的，买回家吃吧。 2. 给别的顾客留一点儿吧，少吃点儿。 3. 请哥哥姐姐给我们介绍一下超市里还有什么好吃的。
中班	在操作中遇到困难终止参与。	别着急，再试一试，你一定能行的。
	规则意识较为淡薄。	1. 看看哥哥姐姐是怎么做的。 2. "经理"对幼儿进行提示：你是××角色，你应该这样做？
	在参与角色中不听从角色的指令。	教师提示幼儿角色职责。
	在游戏过程中运用角色语言进行交流的机会较少。	想一想，你在超市的时候售货员和收银员对你说什么了？（教师引发幼儿已有经验）
大班	角色间的交流较少。（语言、动作）	1. 现在有位顾客需要帮忙，你可以说点什么、做点什么？ 2. 推销员：你可以宣传超市的产品，吸引顾客。
	当顾客与超市工作人员发生问题时，办法较少。	1. 有什么办法能解决这个问题，让大家都满意？ 2. 我们是服务行业，应该尽量让顾客满意，想一想，你可以怎么做？ 3. 我们大家一起想个好办法，好吗？ 4. 你看看图片上有什么好办法？

年龄班	现　象	指导语
	顾客在游戏中将物品随意摆放，不放回原处。	1. 你看看这件商品应该放在哪里？ 2. 作为顾客，不要的商品一定要放回原位。
	游戏中与中、小班幼儿互动的频率较少。	1. 看看弟弟妹妹有什么需要你帮忙的地方吗？ 2. 你是哥哥姐姐，可以带着弟弟妹妹一起游戏。

（三）活动后

年龄班	现　象	指导语
小班	没有收放玩具。	1. 玩具想回家了，你能送它们回家么？ 2. 和哥哥姐姐一起收玩具吧。
	不会梳理经验。	1. 今天你玩得高兴吗？你今天都买什么东西了？ 2. 别人帮助你的时候说"谢谢"了吗？
中班	不能坚持将玩具收完。	1. 请你把玩具收完，欢迎你下次再来玩！ 2. 请你按照标记收放整理好。
	不善于自我积累游戏经验。	1. 你今天玩了什么角色？你今天有什么收获？ 2. 欢迎你下次再来。
大班	材料收放、回收较困难。	1. 看好标记，将物品放回原处。 2. 不要忘记将买走的商品，送还回超市。
	提升游戏经验。	1. 游戏中你遇到了哪些困难？你是怎么解决的？ 2. 你跟大家介绍一下你去哪儿玩了？玩了什么？

第六节　银　行

一、核心发展目标

小班：

（1）了解"银行"的环境及认识钱币。

（2）能够学习保安开展游戏，客人多时帮助维持秩序。

（3）愿意和不同年龄的幼儿一起游戏，能够回应他人的问话。

（4）工作时会使用礼貌用语"你好""请排好队"等。

中班：

(1) 能够扮演好"银行"的工作人员（保安、接待员、理财员），友好地与不同年龄班的幼儿进行游戏。

(2) 游戏中，能关注别人的情感和需要并正确表达。

(3) 能够遵守"银行"的游戏规则，能够控制好自己的情绪与言行。

(4) 能够使用礼貌用语"你好""请稍等""再见"为他人服务。

大班：

(1) 游戏中能使用礼貌用语与不同年龄的幼儿进行交往。

(2) 能体验、理解"主管经理、保安"的角色内容，并能主动与同伴和弟弟、妹妹合作开展游戏。

(3) 能根据顾客的需求认真做好存取记录单及向客人介绍相关理财内容。

(4) 能够理解"银行"角色之间的关系，借助生活经验丰富游戏情节。

二、合理角色扮演

小班可扮演角色：客人、接待员、小工（擦桌子、扫地、整理钱币等）。

中班可扮演角色：客人（偏多）、保安、接待员、理财员。

大班可扮演角色：主管经理、保安（位置秩序如：人多时可稍后再来）或指导中小班幼儿参与游戏。

三、环境创设参考

图 2-26　"银行"整体环境

图 2-27　支持性环境：服务公约

图 2-28　支持性环境：世界货币

图 2-29　材料投放：自动取款机

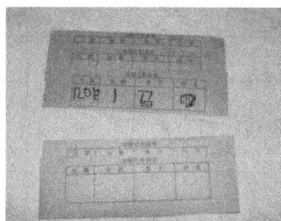

图 2-30　材料投放：取款单

四、适宜指导用语

（一）活动前

年龄班	现　象	指导语
小班	来到区域不知道游戏规则。	1. 您好！请您排好队。 2. 您好！您需要什么帮助？ 3. 您是想取钱还是存钱？ 4. 你能和我一起来接待客人吗？
中班	争抢角色、争抢存取钱币。	你看这里有小脚印和小椅子，我们要先排好队。
	犹豫，不敢大胆在"银行"进行存取钱币活动。	1. 请问您需要什么帮助？是要存钱还是取钱？ 2. 问问哥哥姐姐，你们"银行"需要什么工作？
大班	不知道如何进行角色分工。	1. 你们可以商量一下，自己分配好角色。 2. 你们快来想一个办法，就能快点把角色定下来，就可以游戏了。

（二）活动中

年龄班	现　象	指导语
小班	当客人比较多时表现得不知所措。	1. 先把书包里的钱用完再来取，好吗？ 2. 先去别的游戏区玩一会儿，好吗？
	在游戏中不敢大胆表达时。	1. 你有什么需要帮助吗？ 2. 你是想存钱还是取钱？
中班	规则意识较为淡薄。	1. 你可以看看图片提示来学习使用自动存取款机。 2. 哥哥姐姐们是这样做的。 3. 服务员会告诉你怎么做。
	玩得尽兴时忘记了游戏规则。	看看墙上有提示，最好这样做。

年龄班	现　象	指导语
大班	游戏的持续时间较短。	1. 这是你的任务你要完成好哦。 2. 你看看这里人这么多，想想办法帮助他们。
	游戏中忽略带动中、小班幼儿共同游戏。	1. 请你当个小老师教弟弟妹妹怎么玩，好吗？ 2. 看看弟弟妹妹有什么需要你帮助的地方，好吗？ 3. 请你邀请弟弟妹妹参加游戏。

（三）活动后

年龄班	现　象	指导语
小班	活动结束后不愿意离开。	银行已经下班了，明天欢迎你再来好吗？
	不善于自我梳理经验。	你可以回班和小朋友们说说今天玩了什么吗？
中班	作为保安人员，不能很好地摆放好物品。	今天你是保安人员，我们一起收好物品吧，这样银行就不会丢东西了。
	游戏中能够体会劳动之后的收获。	感谢你今天来银行帮忙，这是你的工资，请收好，欢迎下次再来。
大班	不善于提升游戏经验。	1. 你是怎样和朋友一起管理银行的？ 2. 银行如果没钱了怎么办？ 3. 你是怎么让大班的小朋友存钱的？

第七节　绿色服务站

一、核心发展目标

小班：

（1）愿意参加"绿色服务站"游戏，能够扮演简单的角色，并在游戏中情绪愉快。

（2）在游戏中愿意和不同年龄的幼儿一起玩，能够回应他人的问话。

（3）认识"绿色服务站"提供的游戏玩具，并了解玩具的使用方法及游戏规则。

（4）在游戏中会使用礼貌用语"谢谢""你好""请问有什么需要"等。

中班：

（1）遵守"绿色服务站"的游戏规则，鼓励幼儿做事要有始有终。

（2）能够扮演好"绿色服务站"的服务员和顾客，友好地与不同年龄班幼儿开展游戏。

（3）游戏中，能关注别人的情感和需要并正确表达。

（4）游戏中会使用礼貌用语与他人友好交流。

大班：

（1）能够根据"绿色服务站"的需要，预约或制作补充相应的玩具材料。

（2）能够理解"绿色服务站"角色之间的关系，借助生活经验发挥想象，丰富游戏情节。

（3）在游戏中能够主动与同伴和弟弟妹妹合作开展游戏。

（4）尊重为大家提供服务的人员，并珍惜工作人员的劳动成果。

二、合理角色扮演

小班可扮演角色：服务员、顾客。

中班可扮演角色：服务员、顾客、经理。

大班可扮演角色：服务员、顾客、经理。

三、环境创设参考

图 2-31　"绿色服务站"整体环境

图 2-32　支持性环境：服务预约

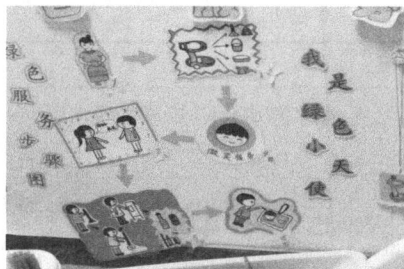

图 2-33　支持性环境：服务流程

图 2-34　投放材料：服务园服装

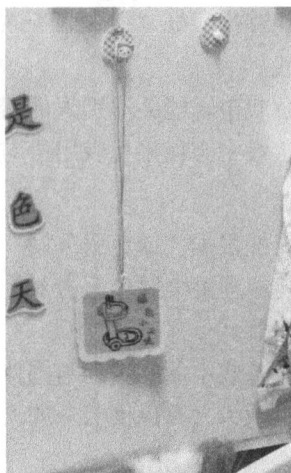

图 2-35　投放材料：游戏挂牌

四、适宜指导用语

（一）活动前

年龄班	现　象	指导语
小班	不知道服务员角色是做什么的。	1. 来看一看服务员的工作图。 2. 服务员是到各班做清洁工作的，你愿意参加吗？
	不敢参与游戏。	哥哥姐姐会教你怎样工作的。
中班	争抢角色或材料。	1. 大家可以交换使用工具。 2. 请经理来分分工。
大班	不熟悉角色任务。	1. 你可以按照图片来做。 2. 你觉得××角色可以做些什么？

（二）活动中

年龄班	现　象	指导语
小班	进入游戏后不知道去干什么。	1. 问一问经理有什么工作做。 2. 去××班问问老师有什么要帮助做的。
	不会使用工具材料。	1. 看看哥哥姐姐是怎样用的。 2. 我来教教你，可以吗？
	进入班级后，不知（不敢）和班上的老师交流。	1. 听一听哥哥姐姐是怎么说的。 2. 大声地问老师：您有需要帮助的吗？ 3. 请你和老师说：我帮您做×××，行吗？

年龄班	现　象	指导语
		4. 看哥哥姐姐是怎样做的。 5. 想一想，妈妈是怎样扫地、擦桌子的？ 6. 请你像我这样做。
中班	不知道做什么？	1. 问问经理去哪班工作。 2. 你可以随便去哪个班找工作。
	不能坚持把劳动完成。	1. 你做完了吗？做得好老师会给盖小印章的。 2. 认真工作，经理会发给你工资的。
大班	不能主动与他人交流。	1. 服务员：你想做什么，告诉经理。 2. 问问老师可以做什么。
	经理不知怎样招待客人。	1. 经理，你给大家分分工作。 2. 请你按预约单的内容问客人。 3. 你向客人说"欢迎光临"和"再见"了吗？
	游戏中与中、小班幼儿互动的频率较少。	1. 看看你的弟弟妹妹有什么需要你帮忙的地方。 2. 你是哥哥姐姐，可以带着弟弟妹妹一起游戏。

（三）活动后

年龄班	现　象	指导语
小班	不会梳理经验。	1. 老师怎样评价你的工作？ 2. 你走时说再见了吗？ 3. 今天你玩得高兴吗？欢迎你再来我们的服务站。
中班	不能坚持将玩具收完。	1. 请你把玩具收完，欢迎你下次再来玩！ 2. 请你按照标记收放整理好。
	不善于自我积累游戏经验。	1. 你今天玩了什么角色？ 2. 你今天有什么收获？ 3. 欢迎你下次光临。
大班	材料收放不整齐。	看好标记，将物品放回原处。
	不善于提升游戏经验。	1. 你是怎样和朋友一起工作的？ 2. 你跟大家介绍一下你去哪儿玩了？玩了什么？

第八节 花 房

一、核心发展目标

小班：

（1）愿意参加花房游戏，在制作花的过程中情绪愉悦。

（2）愿意用语言和小朋友交流做花的想法，并积极回应。

（3）游戏结束后愿意和老师、同伴一起收拾整理制作材料。

（4）在制作花的过程中，初步学会等待、轮流和分享。

中班：

（1）能和同伴谈论制作和设计花的方法，并能描述出来。

（2）能遵守花房的游戏规则，逐渐形成控制能力。

（3）游戏中，积极主动地与同伴交往，并尝试学习解决游戏中的问题及与同伴交往的问题。

（4）能将制作好的花按照种类、颜色等一个维度进行分类摆放。

大班：

（1）能主动、友好地与其他角色合作游戏，懂得尊重别人制作及活动的成果。

（2）通过扮演花房中的角色获得积极的情绪体验。

（3）游戏结束后，能分工合作、有序地收放玩具材料。

（4）在插花、制作花的过程中能借助幼儿已有的生活经验，发挥想象，不断丰富游戏情节。

（5）游戏结束后能大胆表达、生动地表现自己通过扮演角色所获得的游戏经验。

二、适宜的角色扮演

小班可扮演角色：制作师。

中班可扮演角色：制作师、设计师、收银员。

大班可扮演角色：设计师、制作师、收银员、推销员、材料保管员、花房总经理可带领中、小班的弟弟妹妹做花。

三、环境创设参考

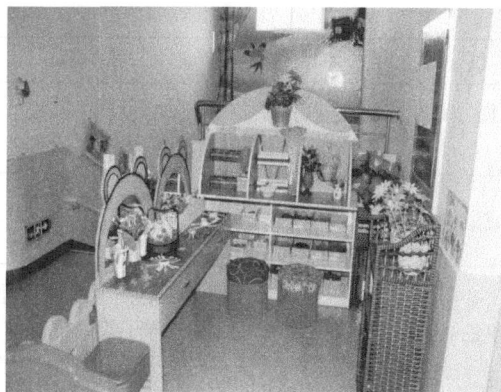

图 2-36　花房整体环境

图 2-37　支持性环境：花房作品展示台

图 2-38　支持性环境：花的制作步骤图

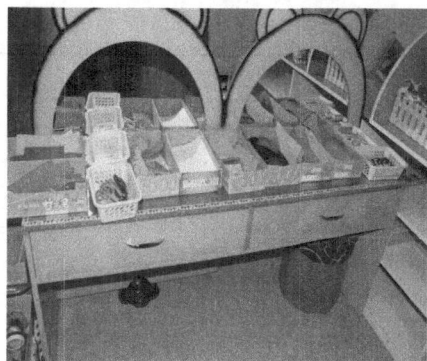

图 2-39　材料投放：各种质地的纸张和工具

图 2-40　材料投放：丝带、吸管、铁丝

四、适宜指导用语

（一）活动前

年龄班	现象	指导语
小班	不知道游戏怎样玩。	1. 这里有好多花，你喜欢吗？ 2. 你愿意和哥哥姐姐一起做一朵漂亮的小花吗？
	不会制作或绘画。	1. 看一看，哥哥姐姐是怎么做的？ 2. 你愿意让哥哥姐姐帮帮你吗？
中班	对游戏角色感到陌生。	1. 你想做设计师还是制作师？设计师要自己画出花的样子，制作师可以照着样子绘画或制作。 2. 你们两个人可以商量一下，一人当设计师，一人当制作师，合作做花。
	盲目选择材料和工具。	1. 你喜欢哪种颜色的纸？你需要什么工具？ 2. 你知道这个工具怎么使用吗？让哥哥告诉你吧！
大班	不熟悉角色任务。	1. 你可以先选择一个角色牌，再想一想这个角色应该做些什么。 2. 你可以问一问"花房总经理"你需要负责什么工作。
	争抢同一个角色。	1. 你们好好商量一下，解决好了问题再开始游戏吧。 2. 小弟弟妹妹都来花房游戏了，你们作为哥哥姐姐应该怎样做？ 3. 有没有既快速又友好的解决办法？

（二）活动中

年龄班	现象	指导语
小班	进入后，不会使用材料和工具。	1. 这个是"压花器"，把纸放在中间使劲按一下，看看变成什么了。 2. 这些纸不好剪开，快请哥哥姐姐帮帮你吧。
	不会绘画和制作。	1. 你看看哥哥姐姐是怎样画的。 2. 你帮哥哥姐姐抹胶棒好吗？ 3. 这有好多漂亮的纸团，你把它们粘在这朵花的中间试试。
	不会收用具和材料。	1. 看看哥哥姐姐把剪刀放在哪儿了。 2. 咱们把这些纸屑放进红色的小筐里吧。

年龄班	现　　象	指导语
中班	喜欢一种成品范例花，但不会做或不会画。	1. 你问问大姐姐愿意不愿意和你一起做这朵花。 2. 你看这朵花都需要什么材料？请材料保管员帮你准备一下。 3. 这个可能太难了，你愿意换一种花来做吗？
	不能坚持完成一个作品。	1. 你真棒，还差两个花瓣就做好了，真漂亮！ 2. 加油，你的小花做好了送给我，好吗？我很喜欢呦！ 3. 我来帮帮你，咱们把它做完，好吗？ 4. 你的花没有做完，顾客就不会买你的花了。
大班	同伴间缺乏主动交流。（语言、动作）	1. 保管员，快去问一问工作人员都有什么需要。 2. 你们两个试试可不可以一起合作一下。 3. 你有问题可以问问花房经理。 4. 她这朵花做得真好看，大家快来看一看！
	使用礼貌用语不积极。	1. 有顾客来了要买花，经理要怎样招待呢？说些什么呢？ 2. 推销员要说什么才能让顾客愿意买你的商品呢？ 3. 保管员为你们拿来了所需要的材料，大家要说什么呢？
	游戏中与中、小班幼儿互动的频率较少。	1. 你帮帮弟弟妹妹剪这种比较厚的纸吧，他们的小手没那么大力气。 2. 你问问弟弟妹妹喜不喜欢你的作品，你愿意送给他们吗？

（三）活动后

年龄班	现　　象	指导语
小班	不善于自我梳理经验。	你做的小花真漂亮，把它摆在花房里，下次来玩时还给你，好吗？
	游戏后不愿意离开。	你是今天最棒的巧手宝宝，欢迎你下次再来。

年龄班	现　象	指导语
中班	不知道玩具怎样收放。	1. 看看架子上的标记，再把工具放进去。 2. 你可以把这些工具交给材料保管员姐姐，请她帮忙收好。 3. 请把纸张放整齐。
	不爱惜自己的作品。	1. 你今天的作品放在哪里了？你能给小朋友介绍一下吗？ 2. 你今天做的花有好多客人都喜欢，你是怎么做的？ 3. 你的作品可以送给"阳光花房"吗？我们帮你保管好吗？
大班	材料收放不整齐。	1. 请按标记把各种材料放回原处并要码放整齐。 2. 工具用具要按类收好，经理要负责检查。
	不善于提升游戏经验。	1. 请花房的设计师和制作师给大家介绍一下你们今天的成功作品好吗？ 2. 今天我发现小朋友使用皱纹纸的方法和平时不一样，我们来一起看一看，他们是怎么用的皱纹纸？ 3. 今天花房的推销员用特别好听的话，卖了好多的花，你们想不想知道他们是怎么说的？

第九节　水　吧

一、核心发展目标

小班：

（1）愿意参加水吧游戏并遵守游戏规则，在游戏中情绪愉悦。

（2）愿意用热情的语言招待水吧客人，和服务员交流，喜欢应答，并能注意倾听他人讲话。

（3）游戏结束后愿意收拾整理玩具材料，做自己能做的事（擦桌子、洗杯子等）。

中班：

（1）积极主动地与同伴交往，在水吧游戏中学习分享和谦让。

（2）在水吧饮水后，不乱扔废弃物，能保持环境整洁。

（3）能把自己制作饮品的经验介绍给别人。

（4）能用语言、动作表达自己在水吧游戏的情感和需要。

大班：

（1）能根据自己在水吧中扮演的不同角色调控自己的情绪和行为。

（2）能主动友好地与其他角色（客人、服务员、经理等）合作游戏，懂得尊重别人的意愿。

（3）在水吧扮演角色的过程中获得积极的情绪体验，游戏结束后有秩序地将游戏材料收放整齐。

（4）能借助生活经验发挥想象力，不断丰富水吧游戏情节。

（5）能用语言大胆地表达、生动地表现自己所扮演的人物角色，反映自己对现实生活的理解和认识。

二、适宜的角色扮演

小班可扮演角色：迎宾员（招呼客人）、客人、水吧助理（帮助经理制作饮料）。

中班可扮演角色：迎宾员、服务员（给客人收桌擦桌子）、收银员、客人。

大班可扮演角色：迎宾员、服务员、客人、水吧助理、经理（协调工作人员）。

三、环境创设参考

图 2-41　水吧整体环境

图 2-42　支持性环境：水吧服务员工作流程　　图 2-43　支持性环境：特价饮料推荐牌

图 2-44　材料投放：水杯使用标志

图 2-45　材料投放：各种水壶

四、适宜指导用语

（一）活动前

年龄班	现　象	指导语
小班	来到区域不知道做什么。	1. 我们水吧现在需要水吧助理，你愿意来试试吗？ 2. 今天菠萝水特价，你快来尝尝吧！
	不敢参与游戏。	1. 花园水吧有很多好喝的饮料你要不要来尝尝？ 2. 和哥哥姐姐们一起来水吧喝点水，好吗？
中班	争抢角色。	1. 经理今天选哪位小朋友当……（助理、服务员、收银员） 2. 请问水吧还需要小帮手吗？
大班	不熟悉角色，不知道如何分工。	1. 你们问问经理，今天水吧需要几个服务员？ 2. 经理看看图上需要几位服务员？

（二）活动中

年龄班	现　象	指导语
小班	进入游戏区，不知道怎么点水。	1. 你喜欢吃什么水果？看看有你喜欢喝的水吗？ 2. 这里的水可好喝了，让姐姐给你介绍介绍！
	不会使用工具材料制作饮料。	1. 我来帮帮你，你来跟我学一学，好吗？ 2. 看看图上的菠萝水是怎么做的？ 3. 快请水吧经理帮你！
	游戏中不能主动、大胆地与服务员沟通购买饮料。	1. 你喜欢什么口味的饮料，甜一点的还是酸一点的？ 2. 我陪你去问问水吧经理，好吗？ 3. 最近天气比较干燥，喝点梨水对身体不错哦！

年龄班	现　象	指导语
	水吧人太多，客人不知道该做什么。	1. 你可以先去隔壁的串吧店点好吃的，一会儿再来。 2. 别着急，他们马上就喝完了，稍等一下。 3. 请先到旁边的等待区选点玩具，有空位了我叫你，好吗?
中班	在游戏中遇到困难就放弃不玩了。	1. 橙汁图上有制作方法，你先试一试。 2. 别着急，再试试，你做的水一定很甜。 3. 向水吧经理请教一下，也许他能帮助你。
	水吧人多时秩序混乱，忘记了游戏规则。	1. 请排队的客人踩在脚印上。 2. 欢迎光临花园水吧，现在客人较多，请提前准备好零钱。 3. 你可以先想想要喝什么饮料。
	不会运用角色语言进行交流。	1. 想想你和爸爸妈妈去买水的时候他们说了什么? 2. 请你给客人介绍下饮品，好吗?
大班	在参与中易发生矛盾。	1. 你们商量一下，有什么好方法可以解决? 2. 经理是谁啊? 你有什么好办法帮助他们吗?
	解决问题的办法较少。	1. 你可以像我这样试一试。 2. 咱们一起帮他想想办法。 3. 向别的小朋友请教请教。
	游戏中与中、小班幼儿互动的频率较少。	1. 经理请看看，客人们有什么需要你帮忙的地方? 2. 你是哥哥姐姐，可以请小弟弟小妹妹喝杯水。

（三）活动后

年龄班	现　象	指导语
小班	不能整理收放玩具。	咱们一起把玩具送回家吧!
	不善于自我梳理经验。	1. 你能给大家讲讲你今天在水吧玩了什么吗? 2. 今天你玩得高兴吗? 欢迎你再来我们的花园水吧。
	游戏后不愿意离开。	1. 花园水吧要下班了，请您下次再来。 2. 你表现真棒! 水吧赚了很多钱，这是你的工资。欢迎你下次带着好朋友一起来玩。

年龄班	现 象	指导语
中班	不收玩具就离开。	1. 收拾完后经理就要给我们发工资啦！ 2. 请按标记放好。
	不善于自我积累游戏经验。	1. 今天谁是经理？你今天在水吧做了什么？ 2. 下次你来水吧还想做什么？
大班	不善于提升游戏经验。	1. 你是怎样和助手一起工作的？ 2. 水吧今天赚了很多钱，你能跟大家说说你用了什么方法吗？ 3. 今天你去哪儿赚了这么多工资，跟大家说说你去哪儿玩了？玩了什么？ 4. 请你跟大家说说今天你在水吧游戏有没有发生什么有趣的事情。

第十节　洗衣房

一、核心发展目标

小班：

（1）认识"洗衣房"所提供的玩具材料，了解对应的环境及玩具的玩法。

（2）愿意参加洗衣房游戏，扮演其中的角色，并能在游戏中情绪愉快。

（3）能够在老师的提示及帮助下开展游戏，知道将玩过的玩具送回原处。

（4）愿意和不同年龄的幼儿一起玩，能够在游戏中，回应他人的问话。

（5）在扮演"洗衣房"客人时，会使用："谢谢""你好""欢迎光临"等礼貌用语。

中班：

（1）游戏中，能关注别人的情感需要，并正确表达。

（2）遵守"洗衣房"的游戏规则，能够控制自己的言行。

（3）能够扮演"洗衣房"的服务人员和客人，可以友好地与不同年龄班的幼儿开展游戏。

（4）能够用比较的方式，开展角色游戏，并能将"洗衣房"的相关经验与同伴们分享交流。

大班：

（1）在角色扮演的过程中收获积极的情绪体验，游戏结束后有秩序地收放玩具材料。

（2）能体验、理解服务人员和客人的角色内容，并能主动地与同伴及弟弟妹妹合作开展游戏。

（3）能够根据"洗衣房"的需要，有意识制作补充相应的玩具材料。

（4）能够理解"洗衣房"角色之间的关系，借助生活经验，发挥想象，丰富游戏情节。

（5）能够根据游戏情境，生动大胆地用语言表现自己所扮演的人物角色。

二、合理角色扮演

小班可扮演角色：迎宾、客人，收取整理衣服（叠衣服）、小工（擦桌子、扫地、端水等）。

中班可扮演角色：客人、洗衣工、熨衣工、小助理（随时整理台面的材料）。

大班可扮演角色：推销员（介绍优惠活动）、收银员、主管人员或指导中、小班幼儿参与游戏。

三、环境创设参考

图 2-46　洗衣房整体环境

图 2-47　支持性环境：衣物找家

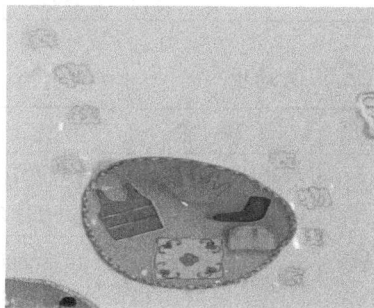

图 2-48　支持性环境：怎样洗衣服

图 2-49　投放材料：小班幼儿操作材料　　　图 2-50　投放材料：洗衣材料

四、适宜指导用语

（一）活动前

年龄班	现　象	指导语
小班	来到区域不知道玩什么。	1. 你愿意当客人还是当服务人员？ 2. 让我来给你洗洗衣服吧！ 3. 你好，你愿意到我们洗衣房洗衣服吗？ 4. 你愿意来洗衣房帮忙吗？
中班	争抢角色或材料。	1. 看一看，你戴的是什么标志？ 2. 我需要一个助理，你愿意帮我吗？（请大班的幼儿邀请） 3. 今天你先做××，下次你再来做你喜欢的××。
中班	犹豫不敢大胆参与"洗衣房"活动。	1. 你需要做些什么工作？去问一问哥哥姐姐。 2. 欢迎你来做××工作，欢迎你来我们洗衣房洗衣服。
大班	不知道如何进行角色分工。	1. 你们好好商量商量。 2. 你们想一个办法，快点把角色定下来，就可以游戏了。

（二）活动中

年龄班	现　象	指导语
小班	不能持续完成活动区游戏。	1. 我们和哥哥姐姐一起玩好吗？（请中大班幼儿带领游戏） 2. 有什么需要帮忙？（提示幼儿可以问问哥哥姐姐）
小班	不会正确使用玩具材料。	1. 你看我是怎么用的。 2. 这个是这样用的。 3. 让哥哥姐姐帮帮你吧。

42

年龄班	现　象	指导语
	在游戏过程中不敢大胆表达。	1. 你可以这样说…… 2. 你有什么需要我帮助的吗？ 3. 我带着你跟哥哥姐姐说，好吗？
	争抢玩具的现象。	1. 洗衣房还有很多衣服要洗，你们只抢这一件，那别的衣服怎么办呢？ 2. 如果客人的衣服被撕坏了，怎么办？
中班	在操作中遇到困难幼儿终止参与。	1. 看看图示学一学。 2. 别着急，再试一试，你一定能行的。
	规则意识较为淡薄。	1. 看看哥哥姐姐是怎么做的？ 2. 看看图片，想一想接下来该做什么？ 3. "主管"对幼儿进行提示（你是××角色，你应该这样做）。
	在参与中易发生矛盾。	1. 你们商量一下能有什么好的办法。 2. 教师提示幼儿角色职责。
	不会运用角色语言进行交流。	想一想，你得到别人的服务时他们是怎么说的？（教师提示幼儿已有经验）
大班	游戏持续的时间较短。	1. 交给你一个任务，请你把它完成，好吗？ 2. 请看一看，有没有人请你帮忙？ 3. 想一想，还有没有别的办法？
	解决角色游戏中问题的办法较少。	1. 你试一试像我这样，行不行？ 2. 问问你的好朋友她有没有好办法。 3. 我们大家帮她想个好办法，好吗？
	在游戏的玩法和角色交流方面缺乏创新性。	1. 你能想出不一样的玩法吗？ 2. 你能不能想出一种你觉得更好的玩法呢？
	游戏中忽略带动中、小班幼儿共同游戏。	1. 请你当个小老师教弟弟妹妹怎么玩，好吗？ 2. 看一看，弟弟妹妹有什么需要你帮忙的地方吗？ 3. 请你邀请弟弟妹妹参加游戏。

第二章　共享角色游戏的环境创设与指导

（三）活动后

年龄班	现　象	指导语
小班	不能整理收放玩具。	1. 看哥哥姐姐是怎么收玩具的。 2. 和我一起把玩具收起来吧。
	不善于自我梳理经验。	1. 今天你表现得真棒，下次欢迎你再来玩儿。 2. 你能跟伙伴们说说你今天都玩什么了吗？
	活动后不愿意离开。	洗衣房已经下班了，明天欢迎你再来玩，好吗？
中班	不能坚持将玩具收完。	1. 请你把玩具收好，方便你下次再来玩！ 2. 请你按照标记收放整理好物品。
	不善于自我积累游戏经验。	1. 你今天去哪儿玩了？扮演什么角色？你是怎么玩的？ 2. 欢迎你下次来尝试别的角色。
大班	不善于自我提升经验。	1. 今天在游戏中你都有哪些好的玩法，你还记得吗？ 2. 请你跟大家说一说你玩游戏的收获。 3. 你遇到什么问题了？你是怎么解决的？

第十一节　串　吧

一、核心发展目标

小班：

（1）认识"串吧"提供的玩具材料，了解对应的环境及玩具材料的基本操作和玩法。

（2）愿意参加串吧游戏，能够扮演简单的角色，并在游戏中收获快乐。

（3）能够模仿穿串儿工协助串吧开展游戏，知道玩过的玩具送回原处。

（4）愿意和不同年龄的幼儿一起玩，能够在游戏中，回应他人的问话，

（5）在扮演"串吧"客人时，会使用"谢谢""你好"等礼貌用语。

中班：

（1）游戏中，能关注别人的情感和需要，同时也能正确表达自己的情感及需要。

（2）遵守"串吧"的游戏规则，能够控制自己的言行。

（3）能够扮演"串吧"的服务人员和客人，友好地与不同年龄班幼儿合作开展游戏。

（4）能够用比较的方式，开展角色游戏，并能将"串吧"的相关经验与同

伴们分享交流。

大班：

（1）在角色扮演的过程中，获得积极的情绪体验，游戏结束后有秩序地收放玩具材料。

（2）能体验、理解"穿串儿人员、服务员、收银员、客人"的角色内容，并能主动与同伴和弟弟妹妹合作开展游戏。

（3）能够根据"串吧"的需要，有计划地制作补充相应的玩具材料。

（4）能够理解"串吧"角色之间的关系，借助生活经验，发挥想象，丰富游戏情节。

（5）能够根据角色情景，大胆地用语言进行表达。

二、合理角色扮演

小班可扮演角色：迎宾、客人、穿串儿工、小工（擦桌子、扫地、端水等）。

中班可扮演角色：引导员、客人、美食推销员、小助理（随时整理台面的材料）。

大班可扮演角色：引导员、收银员、主管人员或指导中、小班幼儿参与游戏。

三、环境创设参考

图 2-51   "串吧"整体环境

图 2-52   支持性环境：悬挂菜谱　　图 2-53   支持性环境：服务评价

图 2-54 材料投放：穿串食材

图 2-55 材料投放：串吧烤箱

四、适宜指导用语

（一）活动前

年龄班	现　象	指导语
小班	来到区域不知道玩什么。	1. 你愿意当客人还是当服务人员？ 2. 让我来教你穿串儿吧！（中、大班带动玩）。 3. 你好，你愿意和我们一起玩儿吗？ 4. 你能我帮我一起烤串儿吗？
中班	争抢角色或材料。	1. 看看你穿的是什么衣服？ 2. （请大班的幼儿协助解决）我需要一个助理，你愿意帮助我吗？ 3. 这次你先做××，下次你再来做你喜欢的××。
	犹豫不敢大胆参与"串吧"活动。	1. 问问哥哥姐姐你需要做什么工作。 2. 欢迎你来做××工作。 3. 欢迎你来我们串吧品尝。
大班	不知道如何进行角色分工。	1. 你们之间要团结合作，互相谦让好好商量。 2. 你们想一个办法，快点把角色定下来，就可以马上开展游戏了。

（二）活动中

年龄班	现　象	指导语
小班	不能持续完成活动区游戏。	1. 我们和哥哥姐姐一起玩好吗？（请中、大班幼儿带领游戏） 2. 你可以问问哥哥姐姐需要帮什么忙。
	不会正确使用玩具材料。	1. 你看我是怎么穿串儿的。 2. 穿好的串儿要放在这儿。 3. 让哥哥姐姐帮帮你吧。

年龄班	现　象	指导语
	在游戏中不敢大胆表达。	1. 你可以这样说…… 2. 需要我帮助你吗？ 3. 我陪你一起跟哥哥姐姐说好吗？
	争抢玩具的现象。	1. 大家都想穿串儿，还有很多客人等着呢，你们可以先去接待客人呀！ 2. 你可以穿菜串儿，他可以穿肉串儿呀！
中班	在操作中遇到困难终止参与。	1. 看看图示学一学。 2. 别着急，再试一试，你一定能行的。
	规则意识较为淡薄。	1. 看看哥哥姐姐是怎么做的？ 2. 看看图片，想一想接下来该做什么？ 3. 你是××角色，你应该这样做。
	在参与中易发生矛盾。	1. 你们商量一下能有什么好的办法？ 2. 教师提示幼儿角色职责。
	不会运用角色语言进行交流。	想一想：你到外面吃饭时，服务员对你说什么了？（教师引导幼儿回忆已有经验）
大班	游戏持续的时间较短。	1. 交给你一个任务，请你把它完成，好吗？ 2. 看一看，有没有人请你帮忙？ 3. 想一想：还有没有别的好方法？
	解决角色游戏中问题的办法较少。	1. 你试一试像我这样，行不行？ 2. 问问你的好朋友她（他）有没有好办法。 3. 我们大家帮她（他）想个好办法好吗？
	在游戏的玩法和角色交流方面缺乏创新性。	1. 想一想：有不一样的玩法吗？ 2. 你能想一种你觉得合适的玩法，能让穿串儿穿得更快。
	游戏中忽略带动中、小班幼儿共同游戏。	1. 请你当个小老师教弟弟妹妹怎么穿串儿，好吗？ 2. 看看你的弟弟妹妹有什么需要你帮忙的地方。 3. 请你邀请弟弟妹妹参加游戏。

第二章　共享角色游戏的环境创设与指导

（三）活动后

年龄班	现　象	指导语
小班	不能整理收放玩具。	1. 你看玩具们想回家了，你能送它们回家吗？ 2. 看哥哥姐姐是怎么收玩具的。 3. 和我一起把玩具收起来吧。
	不善于自我梳理经验。	1. 你今天穿串儿表现得真棒，下次欢迎你再来串吧帮忙。 2. 你能跟伙伴说说你今天是怎样玩的吗？
	活动后不愿意离开。	"串吧"已经下班了，欢迎你下次再来好吗？
中班	不能坚持将玩具收完。	1. 请你把玩具收完，欢迎你下次再来玩！ 2. 请你按照标记收放整理好玩具。
	不善于自我积累游戏经验。	1. 你今天扮演了什么角色？你是怎么玩的？ 2. 欢迎你下次还来尝试其他角色。
大班	不善于自我提升经验。	1. 今天在游戏中你都想了哪些好的办法？ 2. 请你跟大家分享一下你玩游戏的收获。

第十二节　流动售货车

一、核心发展目标

小班：

（1）认识"流动售货车"提供的玩具材料，了解对应的环境及玩具的玩法。

（2）愿意参加流动售货车的游戏，能够扮演简单的角色，并在游戏中情绪愉快。

（3）能够模仿顾客或食品加工员开展游戏，知道将玩过的玩具送回原处。

（4）愿意和不同年龄的幼儿一起玩，能够在游戏中回应他人的问话。

（5）在做"流动售货车"客人时，会使用礼貌用语"谢谢""你好"等。

中班：

（1）游戏中，能关注别人的情感和需要并正确表达。

（2）遵守"流动售货车"的游戏规则，能够控制自己的言行。

（3）能够扮演"流动售货车"的服务人员和客人，友好地与不同年龄班幼儿开展游戏。

（4）能够用比较的方式，开展角色游戏，并能将"流动售货车"的相关经验与同伴们分享交流。

大班：

（1）在角色扮演的过程中，获得积极的情绪体验，游戏结束后有秩序地收放玩具材料。

（2）能体验、理解"售货员、食品加工员、顾客"的角色内容，并能主动地与同伴和弟弟妹妹合作开展游戏。

（3）能够根据"流动售货车"的需要，加工和制作并补充相应的玩具材料。

（4）能够理解"流动售货车"角色之间的关系，借助生活经验，发挥想象，丰富游戏情节。

（5）能够根据角色情景，大胆地用语言进行表达。

二、合理角色扮演

小班可扮演角色：顾客、食品加工员。

中班可扮演角色：售货员、食品加工员、顾客。

大班可扮演角色：售货员、食品加工员、顾客。

三、环境创设参考

图 2-56 "流动售货车"整体环境

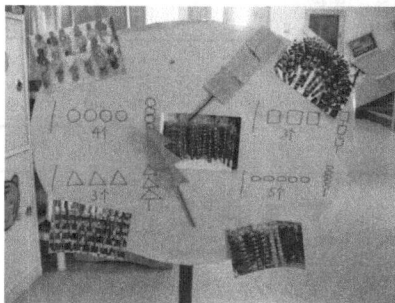

图 2-57 支持性环境：糖葫芦的制作图

图 2-58 支持性环境：服务流程

图 2-59　材料投放：出售的商品

图 2-60　材料投放：售卖人员的服装

四、适宜指导用语

（一）活动前

年龄班	现　象	指导语
小班	来到区域不知道如何加入游戏。	1. 你想买点什么吗？ 2. 你愿意当顾客还是食品加工员？
	不敢在售货车前买东西。	1. 有好吃的糖葫芦要不要买？ 2. 跟哥哥姐姐一起卖食品吧。
中班	争抢角色或材料。	1. 看看你戴的标志是做什么工作的？ 2. 我需要一个助理，你愿意帮助我吗？ 3. 今天你先做××，明天你再来做你喜欢的××。
	有参与游戏的愿望，但不敢表达。	1. 请给大家介绍一下有什么商品。 2. 欢迎你来品尝我们的水果、糖葫芦和冰激凌。
大班	不熟悉角色任务。	1. 你觉得××角色可以做些什么？你试一试。 2. 想想你去售货车的时候，××角色都做什么？
	不熟悉售货车的游戏规则。	1. 你想想，平时买东西时都是怎样做的？ 2. 你可以按照图片来做。

（二）活动中

年龄班	现　象	指导语
小班	进入后无所事事，不知道干什么。	1. 你最喜欢吃什么？跟制作员说，然后去交钱。 2. 让哥哥姐姐带你一起玩好吗？
	食物要得过多。	1. 买这么多东西，吃不完要坏掉。 2. 让哥哥姐姐帮你选吧。

年龄班	现　象	指导语
	不能遵守游戏秩序。	1. 买东西交完钱才能拿走。 2. 妈妈带我们买东西是怎样交钱的? 3. 交钱的人这么多,我们应该怎么办?咱们看看哥哥姐姐是怎样做的。
	在游戏过程中缺少交流意识。	1. 你想跟哥哥姐姐说些什么? 2. 你还想买些什么? 3. 顾客来了,售货员要怎样做?
中班	在操作中遇到困难终止参与。	1. 看看图示学一学。 2. 别着急,再试一试,你一定能行的。
	规则意识较为淡薄。	1. 看看哥哥姐姐是怎么做的? 2. 看看图片,想一想接下来该做什么。 3. 你是××角色,你应该这样做……
	在参与角色中不听从角色的指令。	1. 你们商量一下能有什么好的办法? 2. 教师提示幼儿角色职责。
	在游戏过程中运用角色语言进行交流机会较少。	想一想:你在买东西的时候售货员对你说什么了?
大班	角色间的交流较少。	1. 交给你一个任务,请你把它完成好吗? 2. 现在有位顾客需要帮忙,你看看说点什么,做点什么? 3. 指导售货员书写宣传语,吸引顾客。
	解决角色游戏中问题的办法较少。	1. 有什么办法能解决这个问题,让大家都满意? 2. 怎么让顾客尽量满意,想想你可以怎样做? 3. 我们大家帮她想个好办法,好吗? 4. 你看看图片上有什么好办法。
	顾客在游戏中将物品随意摆放,不放回原处。	1. 你看看这件商品应该放在哪儿? 2. 作为顾客,不要的商品一定要放回原处。 3. 请服务员提醒顾客。
	游戏中与中、小班幼儿互动的频率较少。	1. 请你当个小老师教弟弟妹妹怎么玩,好吗? 2. 看看弟弟妹妹有什么需要你帮忙的地方吗? 3. 请你邀请弟弟妹妹一起参加游戏,好吗?

第二章　共享角色游戏的环境创设与指导

（三）活动后

年龄班	现 象	指导语
小班	不能整理收放玩具。	1. 玩具想回家了，你能送它回家吗？ 2. 看哥哥姐姐是怎么收玩具的。 3. 和我一起把玩具收起来吧。
	不善于自我梳理经验。	1. 今天你玩得真棒，下次欢迎你再来。 2. 你能跟伙伴说说你今天都玩了什么吗？都买了什么吗？ 3. 别人帮助你时说"谢谢"了吗？
	活动后不愿意离开。	流动售货车已经下班了，明天你再来买东西好吗？
中班	不能坚持将玩具收完。	1. 请你把玩具收完，欢迎你下次再来玩！ 2. 请你按照标记收放整理好。
	不善于自我积累游戏经验。	1. 你今天玩了什么角色？你是怎么玩的？ 2. 你今天有什么收获？
大班	材料收放、回收较困难。	1. 你是怎么收物品的？ 2. 看好标记将物品放回原处。 3. 不要忘记将买走的商品送回原处。
	不善于提升游戏经验。	1. 你今天去哪儿玩了？玩了什么？你是怎么玩的？ 2. 游戏中你遇到了哪些困难？你是怎样解决的？ 2. 你今天有什么收获？

第十三节　流动报亭

一、核心发展目标

小班：

（1）认识"流动报亭"提供的玩具材料，了解对应的环境及玩具的玩法。

（2）愿意参加流动报亭的游戏，能够扮演简单的角色，并在游戏中情绪愉快。

（3）能够模仿顾客开展游戏，知道将玩过的玩具送回原处。

（4）愿意和不同年龄的幼儿一起玩，能够在游戏中回应他人的问话，

（5）在做"流动报亭"客人时，会使用礼貌用语"谢谢""你好"等。

中班：

（1）游戏中，能关注别人的情感和需要并正确表达。

（2）遵守"流动报亭"的游戏规则，能够控制自己的言行。

（3）能够扮演"流动报亭"的服务人员和顾客，友好地与不同年龄班幼儿开展游戏。

（4）能够用比较的方式，开展角色游戏，并能将"流动报亭"的相关经验与同伴们分享交流。

大班：

（1）在角色扮演的过程中，获得积极的情绪体验，游戏结束后有秩序地收放玩具材料。

（2）能体验、理解"经理、图书引导员、收银员、顾客"的角色内容，并能主动与同伴和弟弟妹妹合作开展游戏。

（3）能够根据"流动报亭"的需要，加工、制作并补充相应的玩具材料。

（4）能够理解"流动报亭"角色之间的关系，借助生活经验，发挥想象，丰富游戏情节。

（5）能够根据角色情景，大胆地用语言进行表达。

二、合理角色扮演

小班可扮演角色：顾客。

中班可扮演角色：收银员、图书管理员、顾客。

大班可扮演角色：经理、图书引导员、收银员、顾客。

三、环境创设参考

图 2-61   "流动报亭"整体环境

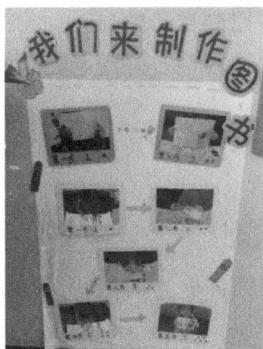

图 2-62　支持性环境：制作图书的步骤

图 2-63　支持性环境：图书修补

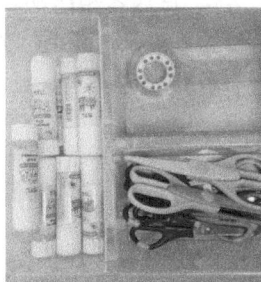

图 2-64　材料投放：修补图书的工具

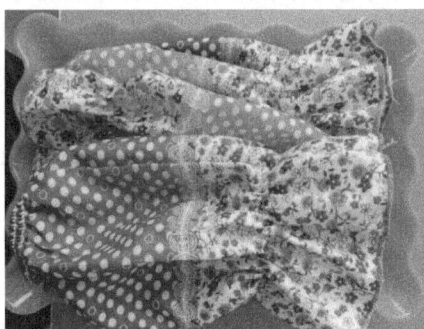

图 2-65　材料投放：修补图书的套袖

四、适宜指导用语

（一）活动前

年龄班	现象	指导语
小班	来到区域不知道怎样参与游戏。	1. 你想看书吗？想看什么书？自己选一选吧！ 2. 问一问经理，我可以帮你做些什么？ 3. 你可以和我一起看。
中班	不会分配角色或争抢角色。	1. 今天你想当什么？ 2. 都想当收银员，但只有一个位置了。今日你先做引导员好吗？ 3. 今天顾客多，收银员会很忙，你们可以轮流来，或者商量一下，这次你当，下次他当。
大班	不清楚自己要做的事。	1. 想一想，你去流动报亭会做哪些事？ 2. 你先看一看，别的引导员是怎么工作的？ 3. 提示幼儿看看提示图。

（二）活动中

年龄班	现　象	指导语
小班	不清楚自己在玩什么。	1. 带领幼儿了解流动报亭的流程图。 2. 请你去找图书引导员挑选自己想看的书。 3. 请哥哥姐姐带小班幼儿一起看。
	书太多，不知道选什么书看。	1. 请引导员帮你挑选，告诉引导员自己喜欢什么类型的书。（动物、汽车、季节等） 2. 这本书很好看，你想看吗？
	不知道怎样买图书。	1. 告诉引导员喜欢什么类型的书。请引导员帮你找。 2. 请引导员告诉你买书的过程。
	争抢图书的现象。	1. 你们俩都特喜欢这本书，还有更好看的呢！ 2. 图书都破了，怎么办啊？
中班	买书的人太多，引导员忙不过来。	如果顾客自己选书，你就可以帮助别人。
	规则意识较为淡薄，游戏没有结束就不想玩了。	1. 还没到结束时间，你看还有这么多人需要帮助，你还愿意帮助他们吗？ 2. 看看图片，想一想接下来该做什么？ 3. 你是××角色，你应该这样做……
	在阅读区看书时大声讲话。	1. 这么大声音会影响到别人，如果别人影响到你，你会开心吗？ 2. 要安静看书。 3. 教师提示幼儿看图示。
	会用简单的礼貌用语。	1. 您好，欢迎光临！ 2. 请您给我五元钱，谢谢！ 3. 这是您的书，请拿好！ 4. 欢迎您下次再来！
大班	不太会运用角色语言与客人进行交流。	1. 问问客人，有需要帮忙的吗？ 2. 你可以告诉弟弟妹妹这本书是讲一个关于××的故事，非常好看。
	客人争抢一本图书。	1. 提示引导员：有人抢书，你快去帮忙解决一下。 2. 你们可以一起看这本书。 3. 你们是哥哥姐姐，要给弟弟妹妹做榜样。

年龄班	现　象	指导语
	不会修补图书或不会选择修补图书的工具。	1. 请你看图示，上面有方法。 2. 试一试用哪种工具材料更好。
	与人交流时，语气生硬不亲切。	1. 还记得什么是微笑服务吗？ 2. 对弟弟妹妹说话要轻声细语，不然他们会害怕的。

（三）活动后

年龄班	现　象	指导语
小班	不擅长进行小结。	1. 你今天买了一本什么书？这本书好看吗？ 3. 你今天看了什么书？
	活动后不愿意离开。	流动报亭已经下班了，明天欢迎你再来好吗？
中班	不能认真收拾各种物品。	1. 请你按照标记把东西放回原处，保持流动报亭的干净整洁。 2. 和哥哥姐姐一起来收拾好吗？ 3. 你们不仅会看书，还很会收拾，真能干。
	不会把共享游戏的快乐、收获和大家分享。	1. 你今天在流动报亭做的什么工作？可以给我们介绍一下吗？ 2. 你玩得怎么样？欢迎你下次还来尝试别的工作。
大班	不善于提升经验。	1. 今天在流动报亭的活动，你还记得吗？你都干了什么工作？ 2. 你成功推荐了一本什么书？ 3. 请你跟大家说一说你在流动报亭的收获。
	不认真收拾活动材料，相互推卸责任。	1. 如果流动报亭乱糟糟的，还会有人来吗？ 2. 你们应该怎么做？

第十四节　T台秀

一、核心发展目标

小班：

（1）认识"T台秀"提供的玩具材料，了解对应的环境及玩具的玩法。

（2）愿意参加"T台秀"游戏，并在游戏中情绪愉快。

（3）能够模仿模特动作开展游戏，知道将玩过的玩具送回原处。

（4）愿意和不同年龄的幼儿一起玩，能够在游戏过程中使用礼貌用语"谢谢""你好"等。

中班：

（1）游戏中，能关注别人的情感，并能用正当的方式表达自己的感情和需要。

（2）遵守"T台秀"的游戏规则，能够控制自己的言行。

（3）游戏过程中能够积极主动地与同伴交往，学习分享、谦让与合作。

（4）能够用比较的方式，开展角色游戏，并能将"T台秀"的相关经验与同伴们分享交流。

大班：

（1）在角色扮演的过程中，获得积极的情绪体验，游戏结束后有秩序地收放玩具材料。

（2）能体验、理解"模特、观众、记者、模特导师、化妆师、音响师"的角色内容，并能主动与同伴和弟弟妹妹合作开展游戏。

（3）能够根据"T台秀"角色的需要，制作或补充相应的玩具材料，不断丰富游戏情节。

（4）能够根据角色情景需要，生动地表现自己所扮演的人物角色，反映自己对现实生活的理解和认识。

二、合理角色扮演

小班可扮演角色：模特、观众。

中班可扮演角色：模特、观众、记者。

大班可扮演角色：模特、观众、记者、模特导师、化妆师、音响师。

三、环境创设参考

图 2-66　T 台整体环境

图 2-67　支持性环境：T 台的化妆间

图 2-68　支持性环境：模特步伐图

图 2-69　材料投放：不同风格的服装

图 2-70　材料投放：多种多样的头饰

四、适宜指导用语

（一）活动前

年龄班	现 象	指导语
小班	不知道游戏怎样玩。	1. 看看哥哥姐姐在做什么？你喜欢哪一种？ 2. 你愿不愿意穿上漂亮的衣服跟着音乐走一走？ 3. 想不想看看模特哥哥姐姐们表演？
	不敢参与游戏。	1. 让哥哥姐姐领着你试着走一走。 2. 你戴上这个小帽子真漂亮，快去让大家看看你吧。 3. 听着音乐自己向前走，笑一笑，大家都给你鼓掌呢！
中班	争抢道具。	1. 可以请化妆师为你们化妆，这样才能让自己更漂亮。 2. 你们都喜欢这个发卡，那就轮流戴着表演，怎么样？
大班	不熟悉角色任务。	1. 你可以问一问胸前戴角色牌的小朋友都是什么角色，都要负责什么。 2. 你可以先选择一个角色牌，再想一想这个角色应该做些什么。

（二）活动中

年龄班	现 象	指导语
小班	进入后不知道去干什么。	1. 快去告诉哥哥姐姐你想扮演什么角色？应该怎样做？ 2. 小朋友，你想玩什么？我来帮帮你好吗？ 3. 你想做模特吗？还是想做小记者或是小观众？
	不会听音乐表演。	1. 你看看哥哥姐姐是怎样走路和做动作的，你也试试。 2. 我来和你一起表演，好不好呀？ 3. 听着音乐大胆走过来，摆一个你最喜欢的动作。
	不清楚角色游戏规则。	1. 学学哥哥姐姐怎样做的。 2. 音乐停了，小模特就可以休息一会儿了，快坐到椅子上吧。 3. 这些好看的衣服帽子如果不用了，一定要交给化妆师哥哥姐姐们呀。

幼儿园共享角色游戏指导

年龄班	现　象	指导语
中班	不知道做什么。	1. 那位大姐姐邀请你和她一起当小模特，一起表演，你愿意吗？ 2. 你看那个化妆师太忙了，你愿意去帮帮他吗？ 3. 哇，模特表演真好看，咱们快坐下好好欣赏吧。
	不能坚持表演。	1. 你是不是累了，那走完这支乐曲再休息，好吗？ 2. 快摆好动作，小记者给你照相呢。 3. 先等一等，你还要走回台下才能结束表演呢。
大班	不能主动交流。（语言、动作）	1. 你们这几位小模特，商量一下怎么配合表演吧。 2. 你们可不可以一起做一个好看的造型呢？ 3. 你可以和化妆师说说自己的想法，想化妆成什么样子。
	各角色之间配合不够。	1. 小记者哪去了，你看模特们表演得多棒，快给她们多照几张相。 2. 小模特们你们到了台前多停留一会，让观众多看会儿，让小记者好给你们拍照。 3. 化妆师请快一些，别耽误模特们表演。 4. 模特们，你们出场和上下台时要有先后顺序。
	游戏中与中、小班幼儿互动的频率较少。	1. 你上场时带着弟弟妹妹一起，拉着他们的手一起走。 2. 化妆师，问问弟弟妹妹喜欢怎样打扮，喜欢哪个道具？ 3. 小记者，快教一教这位小弟弟怎么给模特照相。

（三）活动后

年龄班	现　象	指导语
小班	活动后不愿意离开。	1. 今天你这个小模特最漂亮，我给你照相了，下次来玩时给你照片。 2. 你和哥哥姐姐们说声"谢谢"再走吧。 3. 今天你玩得高兴吗？我们的 T 台欢迎你再来做模特。
中班	不知道怎样收放道具。	1. 你把你的面具和其他面具放在一起吧。 2. 你可以把这些道具交给化妆师姐姐。 3. 服装脱下来要叠整齐。

年龄班	现象	指导语
大班	不善于自我积累游戏经验。	1. 你今天玩了什么角色？你今天有什么收获？ 2. 你今天做了好几个好看的动作，不要忘记，回去给好朋友也做一做。
	材料收放不整齐。	1. 别忘了把 T 台积木码放整齐，把所有道具放回原位。 2. 道具要分类收好，化妆师要负责任。
	不善于提升游戏经验。	1. 你们今天创新了几种好看的亮相造型？ 2. 小记者，你抓拍到精彩的表演了吗？给大家介绍一下吧。 3. 化妆师，你觉得怎样的装扮最好看？

第十五节　娃娃家

一、核心发展目标

小班：

（1）认识"娃娃家"提供的玩具材料，了解对应的环境及玩具的玩法。

（2）初步体验规则的作用，愿意遵守游戏规则。

（3）能够扮演简单的角色，并在游戏中情绪愉快。

（4）愿意用语言与别人交往，喜欢应答，并能注意倾听他人讲话。

（5）在游戏中学习使用简单的礼貌用语，如"请进""谢谢""你好"等。

中班：

（1）游戏中，能关注别人的情感和需要，并正确表达。

（2）遵守"娃娃家"的游戏规则，能够控制自己的言行。

（3）能与他人谈论个人的经验，描述自己的经历或熟悉的事物。

大班：

（1）在角色扮演的过程中，获得积极的情绪体验，游戏结束后有秩序地收放玩具材料。

（2）能主动与同伴及弟弟妹妹合作开展游戏。

（3）能借助生活经验发挥想象力，不断丰富游戏情节。

（4）能够理解游戏角色之间的关系，借助生活经验，发挥想象，丰富游戏情节。

（5）能根据游戏情境的需要大胆表达、生动地表现自己所扮演的人物角色，反映自己对现实生活的理解和认识。

二、合理角色扮演

小班可扮演角色：爸爸、妈妈、宝宝、客人。

中班可扮演角色：爸爸、妈妈、哥哥、姐姐、客人。

大班可扮演角色：爸爸、妈妈、哥哥、姐姐、客人。

三、环境创设参考

图 2-71　娃娃家整体环境

图 2-72　支持性环境：爸爸妈妈这样做

图 2-73　支持性环境：做饭饭

图 2-74　材料投放：笔记本电脑

图 2-75　材料投放：自制食材

四、适宜指导用语

(一) 活动前

年龄班	现　象	指导语
小班	不知道如何加入游戏。	1. 你想照顾宝宝吗？ 2. 去娃娃家做客么？ 3. 娃娃家正在开生日会，咱们去看一看吧。
	抢着当爸爸妈妈。	你们家里有几口人？除了爸爸妈妈还有谁？
中班	争抢角色。	1. 看看你戴的是什么标志？ 2. （请大班的幼儿邀请）娃娃家的宝宝没有爸爸，你愿意当爸爸吗？ 3. 今天你先当××，明天你再来当你喜欢的××。
	有参与游戏的愿望但不敢表达（如来客人，不敢大声地招待客人）。	1. 欢迎你来我们家做客。 2. 请喝茶，吃水果。
大班	不知道如何进行角色分工。	1. 你们好好商量。 2. 你们想一个办法，快点把角色定下来，这样就可以游戏了。

(二) 活动中

年龄班	现　象	指导语
小班	不会照顾宝宝，拎着娃娃随意走动。	1. 怎么抱娃娃才会更舒服？（可让中大班幼儿进行示范）。 2. 平时爸爸妈妈怎么给宝宝喂饭？
	娃娃数量有限，小朋友争抢着去抱娃娃。	1. 宝宝饿了，你们可以帮宝宝做饭。 2. 屋里太乱了，宝宝都哭了，快来收拾一下吧！
	客人和主人对自己角色的意识不明确。	1. 家里来客人了，我们应该怎样招待小客人？ 2. 客人要走了，咱们去送客人吧，怎么和客人道别呀？
	不能持续完成游戏。	1. 我们和哥哥姐姐一起玩，好吗？（请中、大班幼儿带领游戏） 2. 你可以问问哥哥姐姐有什么需要帮忙？
	不会正确使用玩具材料。	1. 你看我是怎样用的。 2. 这个是这样用的。 3. 让哥哥姐姐帮帮忙。

幼儿园共享角色游戏指导

年龄班	现　象	指导语
	在游戏中不敢大胆表达。	1. 你可以这样说…… 2. 你有什么需要我帮助？ 3. 我带你去跟哥哥姐姐说好吗？
	争抢玩具的现象。	1. 你们俩都想用这个锅，那儿还有平底锅呢！ 2. 生日蛋糕都坏了，怎么办呀？
中班	在操作中遇到困难停止游戏。	1. 别着急，再试一试，你一定能行的！ 2. 问问其他人，也许会有好办法。
	规则意识较为淡薄。	1. 看一看，哥哥姐姐是怎么做的？ 2. 这样做好吗？你觉得怎样做才是对的？
	在游戏中不配合其他角色做事。	1. 教师提示幼儿角色职责。 2. 一家人应该相亲相爱，一起做事情。
	在游戏过程中运用角色语言进行交流的机会较少。	1. 想一想，你在家的时候爸爸妈妈对你说什么？（教师提示幼儿已有经验） 2. 家里来客人时，爸爸妈妈是怎样做的？
大班	游戏持续的时间较短。	1. 交给你一个任务，请你把它完成，好吗？（给宝宝做饭，洗衣服） 2. 你看看有没有人请你帮忙？（帮助小班幼儿照顾宝宝）
	解决角色游戏中的问题的办法较少。	1. 你试一试像我这样，行不行？ 2. 问问你的好朋友她有没有好办法。 3. 我们大家帮她想个好办法，好吗？
	在游戏的玩法和角色交流方面缺乏创新性。	1. 你想一想有不一样的玩法吗？ 2. 你能发明一种更喜欢的玩法吗？
	游戏中主动带动中、小班幼儿共同游戏的行为较少。	1. 请你当个小老师教弟弟妹妹怎么玩，好吗？ 2. 看一看，你的弟弟妹妹有什么需要你帮忙的地方？ 3. 请你邀请弟弟妹妹参加游戏。
	角色间的交流较少。	1. 你来陪客人聊聊天吧！ 2. 平时你们家里人都聊些什么？

年龄班	现象	指导语
小班	不能整理收放玩具。	1. 玩具说它想回家了，你能送它回家吗？ 2. 看哥哥姐姐是怎么收玩具的。 3. 和我一起把玩具收起来吧。
	不善于自我梳理经验。	1. 今天你玩得真棒，欢迎你下次再来。 2. 你能跟伙伴说说你今天都玩了什么吗？
	活动后不愿意离开。	娃娃要睡觉了，欢迎你明天再来玩。
中班	不能坚持将玩具收完。	1. 请你把玩具收完，欢迎你下次再来玩！ 2. 请你把娃娃送回小床上，他要休息了。
	不善于自我积累游戏经验。	1. 你今天玩了什么角色？ 2. 你今天有哪些收获？
大班	不善于自我提升经验。	1. 游戏中你遇到了哪些困难？你是怎样解决的？ 2. 你跟大家介绍一下你扮演的是什么角色？都玩了什么？ 3. 你是怎样和客人们交流的？说了哪些有礼貌的话？ 4. 你今天玩游戏的感受是什么？下次你想怎样玩？ 5. 请你跟大家说一说你玩游戏的收获。

第十六节　宠物馆

一、核心发展目标

小班：

（1）愿意参加宠物馆游戏，并在游戏中情绪愉快。

（2）愿意在宠物馆游戏中遵守游戏规则。

（3）在宠物馆游戏时，能够和小朋友们分享玩具。

（4）愿意和不同年龄的幼儿一起玩，能够在游戏中回应他人的问话。

（5）在宠物馆游戏时，会使用礼貌用语"谢谢""你好"等。

中班：

（1）游戏中，能用正确的方式表达自己的感情。

（2）遵守"宠物馆"的游戏规则，能够控制自己的言行。

（3）能够独立完成"宠物馆"经理分配的工作，与不同年龄班幼儿友好的开展游戏。

（4）能够将"宠物馆"的相关经验与同伴们分享交流。

大班：

（1）在角色扮演的过程中，获得积极的情绪体验。

（2）在游戏中能够体验和理解"宠物清洁师、宠物美容师、宠物营养师、顾客"等角色内容。

（3）在游戏中能够倾听并尊重不同年龄班幼儿的意愿，能主动、友好地和不同年龄班幼儿合作游戏。

（4）能够理解"宠物馆"角色之间的关系，借助生活经验，发挥想象，丰富游戏情节。

（5）游戏结束后有秩序地收放玩具材料。

二、合理角色扮演

小班可扮演角色：宠物清洁师、宠物营养师、顾客。

中班可扮演角色：宠物清洁师、宠物美容师、宠物营养师、顾客。

大班可扮演角色：宠物清洁师、宠物美容师、宠物营养师、顾客、经理。

三、环境创设参考

图 2-76　"宠物馆"整体环境

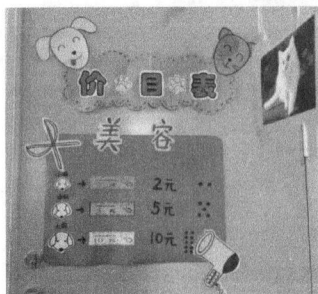

图 2-77　支持性环境：价目表　　图 2-78　支持性环境：领养流程图

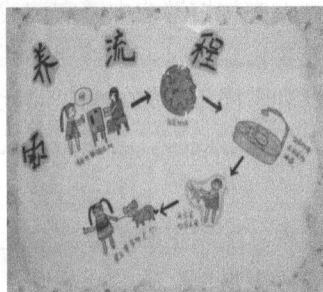

图 2-79　材料投放：装饰物品

图 2-80　材料投放：造型图册

四、适宜指导用语

（一）活动前

年龄班	现　象	指导语
小班	不知道角色是做什么的。	1. 你愿意当客人还是当服务人员？ 2. 请看一看工作图。 3. 你愿意做哪项工作？
	不敢参与游戏。	1. 哥哥姐姐会教你怎样工作的。 2. 老师和你一起玩，好吗？
中班	相互争抢工具。	1. 看看你戴的工作标志，需要什么工具？ 2. 请大班幼儿邀请：我需要一个助理，你愿意帮助我吗？ 3. 大家可以交换使用工具。 4. 请经理来分分工。
大班	不知道如何进行角色分工。	1. 你们好好商量商量。 2. 你们快想一个办法，把角色定下来，就可以游戏了。
	不熟悉角色任务。	1. 你可以按照图片来做。 2. 你觉得××师可以做些什么。

（二）活动中

年龄班	现　象	指导语
小班	进入后不知道去干什么。	1. 我们和哥哥姐姐一起玩，好吗？（请中、大班幼儿带领游戏） 2. 问一问经理有什么工作做。
	不会正确使用玩具材料。	1. 你看我是怎么用的。 2. 让哥哥姐姐帮帮你吧。
	不会使用工具材料。	1. 看看哥哥姐姐怎样用的。 2. 我们一起来做，行吗？

年龄班	现　象	指导语
	不会和顾客交流。	1. 听听哥哥姐姐怎么说的。 2. 请你向我学，好吗？
中班	在游戏过程中不知道做什么。	1. 问问经理有什么工作可以做。 2. 你可以看看工作图，自己选一项工作。
	规则意识较为淡薄。	1. 看看哥哥姐姐是怎么做的。 2. 看看图片，想一想接下来该做什么？ 3. 请"主管"对幼儿进行提示（你是××角色，你应该这样做）
	不能坚持把劳动完成。	1. 你做完了吗？一会儿顾客就要领他的小宠物。 2. 认真工作，经理会发工资的。
大班	不能主动交流。	1. 经理，请给大家分配工作。 2. 你想做什么，告诉经理。 3. 问问顾客有什么需要和要求。
	经理不知怎样招待客人。	1. 请你向客人介绍一下我们的服务内容。 2. 你向客人说"欢迎光临"和"再见"了吗？
	游戏中与中、小班幼儿互动的频率较少。	1. 看一看，弟弟妹妹有什么需要你帮忙的地方吗？ 2. 你是哥哥姐姐，可以带着弟弟妹妹一起游戏。

（三）活动后

年龄班	现　象	指导语
小班	不能整理收放玩具。	1. 我想回家了，你能送我回家吗？ 2. 看看哥哥姐姐是怎么收玩具的。 3. 和我一起把玩具收起来吧。
	结束后不愿意离开。	今天你玩得高兴吗？欢迎你再来我们的宠物生活馆。
中班	不能坚持将玩具收完。	1. 请你把玩具收完，欢迎你下次再来玩！ 2. 请你按照标记收放整理好。
	不善于自我积累游戏经验。	1. 你今天玩了什么？ 2. 你今天有什么收获？

年龄班	现　象	指导语
大班	材料收放不整齐。	1. 看好标记，将物品放回原处。 2. 请检查一下物品放的对不对。
	不善于提升游戏经验。	1. 你是怎样和朋友一起工作的？ 2. 你跟大家介绍一下你去哪儿玩了？玩了什么？

第十七节　书　吧

一、核心发展目标

小班：

（1）愿意参加游戏，能够扮演简单的角色，并在游戏中情绪愉快。

（2）认识"书吧"中提供的玩具材料，了解对应的环境及玩具的玩法。

（3）愿意用语言与小朋友交往，能够倾听他人讲话。

（4）在"书吧"中能够模仿哥哥姐姐游戏。

（5）在做"书吧"客人时，会使用礼貌用语"你好""谢谢""请进"等。

中班：

（1）游戏中，能够遵守"书吧"的游戏规则，控制自己的言行。

（2）尝试解决在游戏中遇到的小问题。

（3）能够扮演"书吧"的服务人员和客人，友好地与不同年龄班幼儿开展游戏。

（4）游戏结束后，能够收拾整理图书及游戏材料，保持环境整洁。

大班：

（1）在角色扮演的过程中，获得积极的情绪体验。

（2）能体验、理解"顾客、收银员、图书管理员、图书讲解员"等角色内容，并能主动与同伴和弟弟妹妹合作开展游戏。

（3）能够根据"书吧"的需要，预约或制作补充相应的玩具材料。

（4）能够理解"书吧"角色之间的关系，借助生活经验，发挥想象，丰富游戏情节。

（5）能够根据角色情景，大胆地用语言进行表达。

（6）游戏结束后有秩序地收放游戏材料。

二、合理角色扮演

小班可扮演角色：顾客、收银员。

中班可扮演角色：顾客、收银员、图书管理员。

大班可扮演角色：顾客、收银员、图书管理员、图书讲解员。

三、环境创设参考

图 2-81 　"书吧"整体环境

图 2-82　支持性环境：制作图书

图 2-83　支持性环境：书吧须知

图 2-84　材料投放：不同种类图书

图 2-85　材料投放：制作图书的材料

四、适宜指导用语

（一）活动前

年龄班	现　象	指导语
小班	来到区域后不知道玩什么。	1. 你愿意当小客人还是服务员？ 2. 你可以选一本喜欢的书看！ 3. 你想看什么书，让我给你介绍一本吧！（中、大班幼儿带动玩）
	不敢进入活动区。	跟哥哥姐姐一起来看书吧！（中、大班带动玩）
中班	争抢角色。	1. 看看你戴的是什么标志？ 2. 请大班幼儿邀请：我需要一个助理，你愿意帮助我吗？ 3. 今天你先做××，明天你再来做你喜欢的××。
	不敢大胆参与活动。	1. 问问哥哥姐姐有什么需要帮忙。 2. 欢迎你来做××工作。
大班	不熟悉角色任务。	想一想，这些角色都是做什么的？
	不熟悉游戏规则。	你问问服务员应该怎样借书。

（二）活动中

年龄班	现　象	指导语
小班	进入活动区后不知道干什么。	1. 我们和哥哥姐姐一起看好吗？（请中、大班幼儿带领游戏） 2. 你可以问问哥哥姐姐有什么需要帮忙的？ 3. 你喜欢什么样的图书？
	不会正确看书。	1. 你看看哥哥姐姐是怎么看书的。 2. 书要轻轻翻，不然它会疼的！ 3. 看书要一页一页看，不然会错过好看的部分！ 4. 不要把图书离得太近，对我们的眼睛不好！
	在游戏中不敢大胆表达。	1. 你可以这样说…… 2. 你有什么需要帮助的吗？ 3. 我带着你跟哥哥姐姐说，好吗？
	争抢图书的现象。	1. 你们俩都很喜欢这本书，可以一起看。 2. 图书都哭了，快让它休息一下吧！
	图书拿得太多了。	1. 一次只可以拿一本书，你看看自己更喜欢哪一本？ 2. 你可以一会儿再来看另外一本！
	拿了书就要离开活动区。	1. 图书是大家的，如果想借，请办借书卡。 2. 如果你把它带回家了，它会很伤心的。

71

年龄班	现　象	指导语
中班	规则意识较为淡薄。	1. 看看哥哥姐姐是怎么做的？ 2. 看看图片，想一想接下来该做什么。 3. 你是××角色，你应该这样做。
	在游戏中易发生矛盾。	你能有什么好的办法？
	游戏中争抢图书。	1. 还有更好看的图书呢。 2. 你们这样抢，图书都不开心了！
	不能正确看图书。	看书时，要轻轻翻看，动作太大或太快，都容易损坏图书
大班	角色间交流较少。	1. 你能不能给弟弟妹妹讲一讲这本书？ 2. 你可以帮助别人推荐你喜欢的图书。
	图书不按照标记摆放。	1. 请你按照标记摆放图书。 2. 请你帮我检查有没有放错的图书。
	游戏中互动较少。	1. 请问一问弟弟妹妹有什么需要帮助的。 2. 你能帮助别人做什么？

（三）活动后

年龄班	现　象	指导语
小班	不能整理收放图书。	1. 图书想回家了，你能把它送回家吗？ 2. 看看哥哥姐姐是怎么收图书的。 3. 和我一起把图书摆放好吧。
	不善于自我梳理经验。	1. 今天你玩得真棒，下次欢迎你再来！ 2. 你能跟伙伴说说，你今天都来这都干什么了吗？
	活动后不愿意离开。	书吧要关门了，明天欢迎你再来好吗？
中班	不能坚持将图书收完。	1. 请你帮我一起把图书整理好，欢迎你下次再来玩！ 2. 请你按照标记收放整理好。
	不善于自我积累游戏经验。	1. 你今天玩了什么角色？你是怎么玩的？ 2. 欢迎你下次再来尝试别的角色。

年龄班	现　象	指导语
大班	不善于自我提升经验。	1. 今天在游戏中你都有哪些好的玩法，你还记得吗？ 2. 请你跟大家说一说你玩游戏的收获。
	物品摆放不整齐。	1. 不要忘记把借阅的图书送回去。 2. 请你帮我一起关门吧。

第十八节　农艺园

一、核心发展目标

小班：

（1）愿意参加"农艺园"体验活动，情绪愉快地参与游戏。

（2）愿意用语言或动作与别人打招呼，能注意倾听别人讲话。

（3）初步体验"农艺园"的规则，了解农艺园的材料。

（4）游戏后愿意收拾整理玩具材料，做自己能做的事情，体验自尊自信。

中班：

（1）积极主动地与同伴交往，学习谦让、分享与合作。

（2）愿意遵守"农艺园"的规则，逐渐形成自控能力。

（3）能专注游戏，在动手中感受劳动的快乐。

（4）尝试学习解决与他人发生的问题。

（5）学会收拾整理"农艺园"的围裙和头巾。

大班：

（1）能够理解、体验"收款员、迎宾员"的角色内容，积极地参与游戏。

（2）能主动、友好地与其他角色合作游戏，懂得尊重别人的意愿。

（3）能根据游戏情境的需要大胆、生动地表现自己所扮演的角色。

（4）游戏结束后有秩序地将材料收放整齐。

（5）体验通过劳动取得收获的快乐。

二、合理角色扮演

小班可扮演角色：接待员、顾客（农艺瓜子或农艺蒜头体验）。

中班可扮演角色：接待员、顾客、服务员（整理材料）。

大班可扮演角色：收款员、接待员（负责招揽顾客）、顾客（农艺花生体验）、服务员（为小班幼儿提供帮助）。

三、环境创设参考

图 2-86　"农艺园"整体环境

图 2-87　支持性环境：花生三步曲

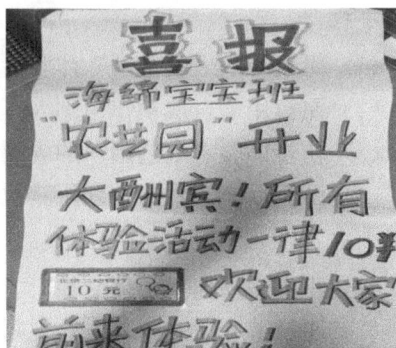

图 2-88　支持性环境：喜报

图 2-89　材料投放：大蒜

图 2-90　材料投放：服装

四、适宜指导用语

（一）活动前

年龄班	现　象	指导语
小班	来到角色区不知道做什么。	1. 请先去收款台交款。 2. 请穿好小围裙，戴好帽子。（中大班幼儿帮助） 3. 选择体验的农艺活动。
中班	不敢参加农艺园的活动，怕弄不好。	1. 来试一试农艺体验活动吧，很好玩，也很有意思。 2. 小弟弟小妹妹遇到困难了，很需要你的帮助，请你帮个忙吧。 3. 体验完的东西可以带走，还能去超市换购你喜欢的东西呢。
大班	觉得游戏没意思，不知道如何参与游戏。	1. 农艺园还需要个收款员，你能来帮助我们吗？ 2. 很多小朋友不知道怎样穿围裙，需要你的帮助。 3. 农艺园体验完还可以去超市换成钱呢，有了钱你还可以去体验更多的游戏。

（二）活动中

年龄班	现　象	指导语
小班	不知道怎么操作。	1. 别着急，慢慢来，宝贝你真棒。 2. 就像帮蒜宝宝脱衣服一样，一点一点往下剥。
中班	不想体验其他活动。	1. 农艺园有一个"农艺博物馆"，看一看，这些东西你都认识吗？ 2. 你把东西收好再去体验其他活动吧。 3. 你今天做得真不错，你能帮助其他小朋友完成体验吗？
大班	在没有顾客的时候不知道该做些什么。	1. 你可以去问问顾客有哪些需要帮助的地方。 2. 你去问问路过的小朋友愿不愿意来农艺园体验活动。 3. 在没有顾客来的时候，你可以休息一会儿。
	花生壳不好剥。	1. 两只手使劲挤一挤花生尖尖的头，就可以很容易地剥开花生了。 2. 农艺园里花生的花生仁和花生壳都可以参加换购，但是都必须要完整才可以。

（三）活动后

年龄班	现　象	指导语
小班	把材料胡乱摆放。	1. 这样不行喔，剥好的东西要装进袋子里。 2. 剥完的花生皮要放在黄色的小盒子里面。
中班	活动完急着离开。	1. 体验完剥花生的顾客在离开之前，请将花生皮倒进垃圾桶，并将盒子放在柜子里。 2. 剥好的蒜可以放在密封袋里去二楼超市换购区换取工资。 3. 请将椅子放回原处就可以离开了，欢迎下次光临。
大班	不善于提升总结经验。	1. 请将工作帽放在工作服兜里，叠好后整齐地放在柜子里。 2. 今天的体验感觉怎么样？下次你还想来体验什么项目？ 3. 农艺园里的东西，你都认识吗？有机会来为弟弟妹妹介绍一下好吗？

第十九节　手工坊

一、核心发展目标

小班：

（1）愿意和小朋友一起在"手工坊"参与纸浆画制作。

（2）有好奇心，喜欢探索，了解"手工坊"的颜料和简单的制作方法。

（3）初步体验"手工坊"的规则，与同伴愉快游戏。

（4）在游戏中学习使用简单的礼貌用语，如"你好""谢谢""不客气"等。

（5）体验事物的简单特征，不断丰富相关经验，如对常见物品颜色与形状的认知与判断。

中班：

（1）能与他人谈论自己的经验，乐于与同伴介绍"手工坊"的作品。

（2）知道保持环境的整洁，不乱写乱画，学会收拾整理用具和物品，遵守"手工坊"的基本规则。

（3）能独立完成一件小作品，感受认真做事带来的成就感。

（4）愿意与成人或同伴用语言表达自己的想法与感受。

大班：

（1）能够根据角色的需要选择、制作和使用适宜的游戏材料和工具，并能根据游戏的需要作出调整。

（2）能在游戏中和游戏后有秩序地将游戏材料收放整齐。

（3）能主动、友好地与其他角色合作游戏，尊重别人的意愿，学习欣赏别人的作品。

（4）将自己的创意和想象融入作品中，感受色彩搭配的美。

二、合理角色扮演

小班可扮演角色：顾客、收银员助理、服务员助理。

中班可扮演角色：收银员、服务员、顾客。

大班可扮演角色：收银员、服务员、顾客、经理。

三、环境创设参考

图 2-91　"手工坊"整体环境

图 2-92　支持性环境：纸浆调色注意事项

图 2-93　支持性环境：纸浆制作步骤图

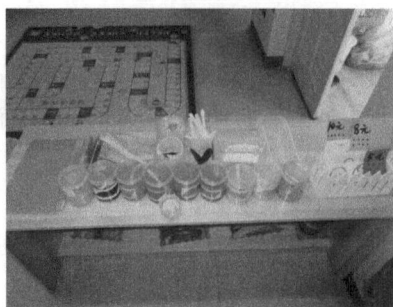

图 2-94　材料投放：纸浆画工具

图 2-95　材料投放：制作纸浆辅助工具

四、适宜指导用语

（一）活动前

年龄班	现　象	指导语
小班	不知怎样融入角色游戏。	1. 你好！欢迎来到手工坊。来手工坊制作礼物可以送给家人或朋友。 2. 哥哥姐姐可以带着你一起游戏。
中班	有参与游戏的愿望但不敢表达（如服务员不敢介绍活动区的材料）。	1. 欢迎你来到月亮手工坊。向你推荐纸浆画，你想制作一幅吗？ 2. 你先自己选择图案，然后付款，就可以制作了。 3. 你还需要什么帮助吗？我们有服务员可以指导你。
大班	不熟悉角色任务，不熟悉游戏规则。	1. 想想你去手工坊的时候，都扮演了哪些角色？ 2. 你想扮演什么角色，可以大胆试一试。 3. 你可以问问手工坊的工作人员应该怎样制作纸浆画。 4. 你可以按照图示来制作。

（二）活动中

年龄班	现　象	指导语
小班	进入后无所事事，不知道干什么。	1. 你最喜欢哪幅画？请去筐里选一下。 2. 把选好的图案拿到收银台付款。 3. 如果完成后可再选第二幅图案（有时间的情况下）。
	制作过程中遇到问题。	1. 咱们看看哥哥姐姐是怎么做的。 2. 你如果是第一次做，可以请哥哥姐姐帮助你。 3. 颜料尽量用多少夹多少，一次不要夹太多。

年龄班	现　象	指导语
中班	在操作中遇到困难终止参与游戏。	1. 别着急，再试一试，你一定能行的。 2. 想一想，你在手工坊的时候收银员对你说了什么？ （教师提示幼儿已有经验）
大班	当顾客与手工坊的工作人员易发生矛盾纠纷。	1. 有什么办法能解决这个问题，让大家都满意？ 2. 我们是服务行业，应该尽量让顾客满意，想想你可以怎么做？ 3. 我们大家一起想办法解决问题好吗？ 4. 你看看图示上有什么好办法。

（三）活动后

年龄班	现　象	指导语
小班	活动结束后不知道该做什么。	1. 你今天都制作了什么？别人帮助你的时候，你说"谢谢"了吗？ 2. 今天你玩得高兴吗？欢迎你再来我们的手工坊。
中班	不能坚持将玩具收完。	1. 请将用过的工具材料洗刷干净，再放在指定位置。 2. 请你把材料工具收放整齐，欢迎你下次再来玩！
	不善于自我积累游戏经验。	1. 你今天玩了什么角色？ 2. 你今天有什么收获？
大班	材料收放、回收较困难。	1. 将工具材料洗刷干净后放回原处。 2. 不要忘记将你买的纸浆画带走。 3. 如果你打工了请记得结算今天的工资。
	不善于提升游戏经验。	1. 游戏中你遇到了哪些困难？你是怎么解决的？ 2. 请你给大家介绍一下，你去哪儿玩了？玩了什么？

第二十节　小餐厅

一、核心发展目标

小班：

（1）愿意和哥哥姐姐一起玩餐厅游戏，有积极的情绪。

（2）在他人的提醒下遵守餐厅的规则，知道文明进餐不浪费。

（3）在成人鼓励下大胆表达自己的意愿，乐于回应他人的问话。

（4）在他人的指导下用点数的方式取钱付账。

（5）乐于使用简单的礼貌用语"谢谢""再见"等。

中班：

（1）游戏中，用正确的方式表达自己的想法。

（2）遵守"小餐厅"的游戏规则，保持环境的整洁。

（3）在成人的引导下尝试协商分配角色。

（4）能够运用生活经验开展游戏，并能将"小餐厅"的相关经验与同伴分享交流。

大班：

（1）在角色扮演的过程中，获得积极的情绪体验。

（2）在游戏中能主动带领弟弟妹妹开展游戏。

（3）能够根据"小餐厅"的需要，预约或制作补充相应的玩具食品材料。

（4）理解"小餐厅"角色之间的关系，借助生活经验，发挥想象，丰富游戏情节。

（5）能够根据角色情景，大胆地用语言进行表达。

二、合理角色扮演

小班可扮演角色：迎宾员、客人、厨师助理（帮助厨师配菜）。

中班可扮演角色：迎宾员、服务员、厨师助理、客人。

大班可扮演角色：迎宾员、服务员、客人、厨师助理、经理。

三、环境创设参考

图 2-96　"小餐厅"整体环境

图 2-97　支持性环境：服务员须知

图 2-98　支持性环境：厨师须知

图 2-99　材料投放：自制食材

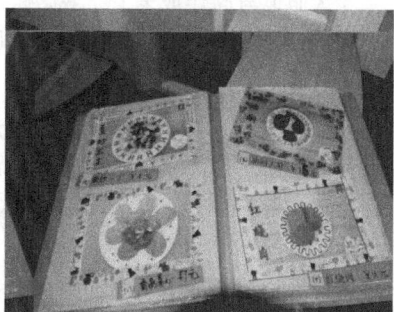

图 2-100　材料投放：餐饮菜谱

四、适宜指导用语

（一）活动前

年龄班	现　象	指导语
小班	来到小餐厅不知道做点儿什么。	1. 我们餐厅现在需要厨师助理，你愿意来试试吗？ 2. 我们推出了新品菜，你来尝尝吧！
中班	争抢角色和材料。	1. 客人很多，你们俩可以轮流着上班和休息。 2. 可以问问经理，餐厅还需要帮手吗？
中班	不知怎样加入游戏。	1. 问问哥哥姐姐有什么需要帮忙的。 2. 让经理给你分配工作。 3. 想做什么大胆说出来。
大班	不熟悉角色，不知如何分工。	1. 你们可以问问经理，今天餐厅需要几个服务员？ 2. 你们商量一下，选一个方法进行分工。

（二）活动中

年龄班	现　象	指导语
小班	进入游戏区无所适从，不知从何开始。	1. 问问哥哥姐姐，你可以帮助他们做些什么？ 2. 这里的饭可好吃了，让姐姐给你介绍介绍！ 3. 你想在小餐厅里做点儿什么，大胆地告诉哥哥姐姐。
	不会正确使用工具材料。	1. 我来帮帮你，你来跟我学一学，好吗？ 2. 看看别的小朋友是怎么做的。 3. 快请哥哥姐姐帮帮忙吧！
	游戏中不能主动、大胆地与同伴或老师交流自己的想法。	1. 我可以帮助你，和我说说吧！ 2. 我陪你去跟哥哥姐姐说，好吗？ 3. 如果你能再大点儿声音和客人问好，我们的小餐厅人会更多。
	争抢餐具与食品。	1. 请服务员再给你们拿一个餐具。 2. 看看菜谱上还有许多好吃的呢。
中班	在游戏中遇到困难就放弃不玩了。	1. 图上有提示，你先试一试。 2. 别着急，再试试，你会成功的。 3. 向好朋友请教一下，也许他会知道。
	兴奋得忘记了游戏规则。	1. 哥哥姐姐们是这样做的。 2. 经理会告诉你怎么做。 3. 看看墙上有提示，最好这样做。
	不会运用角色语言进行交流。	1. 想一想，你和爸爸妈妈去餐厅的时候他们说了什么？ 2. 请你给客人报一下菜名，好吗？
大班	在参与中角色间易发生矛盾。	1. 你们商量一下，有什么好方法可以解决？ 2. 厨师（服务员）是谁啊？你应该怎样做？
	解决角色中问题的办法较少。	1. 你可以像我这样试一试。 2. 咱们一起帮他想想办法。 3. 向别的小朋友请教请教。
	游戏中与中、小班幼儿互动的频率较少。	1. 看一看，弟弟妹妹有什么需要你帮忙的地方，好吗？ 2. 你是哥哥姐姐，可以请小弟弟小妹妹吃顿饭。

（三）活动后

年龄班	现象	指导语
小班	不主动整理收放玩具。	1. 玩具想回家了，你能送它回家吗？ 2. 看看哥哥姐姐是怎么收玩具的。 3. 和我一起把玩具收起来吧。
	不会梳理经验。	你能给大家讲讲，你今天在小餐厅玩了什么吗？
	活动后不愿意离开。	1. 餐厅已经下班了，明天欢迎你再来好吗？你表现得真棒！ 2. 下次带着你的好朋友一起来吧！
中班	不收玩具就离开。	1. 你能帮助我们一起收拾吗？ 2. 请你按标记放好。
	不善于积累游戏经验。	1. 你今天当了什么角色？有什么收获？ 2. 下次你还想尝试一下当哪个角色？
大班	不善于自我提升经验。	1. 你是怎样和朋友一起工作的？ 2. 你今天的工作表现怎样？你能给大家说说你的经验吗？ 3. 你跟大家介绍一下你去哪儿玩了？玩了什么？ 4. 请你跟大家说说自己在游戏中的收获。

第三章　共享角色游戏观察记录

在幼儿参与共享角色游戏时，孩子的语言、行为及游戏中出现的种种问题，都是教师观察、分析并进行指导的重要内容。因此，为了更好地观察、分析、了解孩子的游戏状态，使教师更好地指导幼儿开展共享角色游戏，在课题研究过程中，教师们共同设计了适宜共享角色游戏的观察记录表，表中包含了时间、地点、人物及幼儿表现等基本内容，同时也在观察中充分体现了共享角色区域的特点，挖掘了角色共享中的问题和相关的指导方法。38 篇共享角色区域观察指导记录，分别将游戏中幼儿表现、教师指导、游戏材料投放及游戏反思等四方面内容进行了记录。生动、鲜活的幼儿游戏记录反映了孩子在共享角色游戏中的真实状态，教师的指导又将幼儿在游戏中出现的问题进行了分析与解决，观察记录的使用为教师指导幼儿共享角色游戏提供了参考，同时教师也将较好的游戏指导方法也进行了归总与保留。

共享区角色游戏观察记录（一）

游戏名称	观察时间	幼儿人数	观察对象	指导教师
T 台秀	2014 年 9 月 5 日	6 人	悦童、泽楷、静阳、祐炜、滢玮、睿宁	孙颖

观察目的：	幼儿在游戏中的相互协商，共同游戏。

幼儿表现	教师指导
在游戏开始前，孩子们一起来到 T 台，相互协商，分配角色。 善于表演的静阳和泽楷直接选择了当小演员并已就位。祐炜喜欢当模特，导师为演员编排造型时，他能快速地把自己的想法说了出来，并得到了大家的同意。睿宁说："我来给大家当造型师吧，把演员打扮得漂亮点。"滢玮本来也想当造型师，但听到睿宁说的话，她想了想："嗯，我也想当造型师，不过韩睿宁当了，那我这次就先当小记者吧。""滢玮，要不这样吧，玩一会儿咱俩再换。""好吧。"睿宁和滢玮互相商量道。"还剩观众，谁来当呀？"演员有点着	1. 倾听法：游戏开始前，幼儿相互商量分配角色时，教师要在旁边观察，倾听孩子的讨论过程，但尽量不参与其讨论，培养孩子自己通过商量解决问题的能力。 2. 适时介入法：当幼儿之间关于角色的选择意向有冲突时，教师可予一定的指导帮助，如睿宁和滢玮都想当造型师，但每次只能有一名造型师，这时老师要引导："你们想一个好方法，让两个人都能快乐地游戏，也都满足自己的要求，该怎样办呢？"通

幼儿表现		教师指导
急了,悦童举起手说:"我当观众吧。"说完,他就直接走到观众席就座。就这样,通过孩子们互相商量,大家很快各就各位,准备开始游戏。		过教师适时地介入,让幼儿学会当出现矛盾时怎样恰当处理。 3. 换位思考法:当孩子们的讨论僵持不下或讨论时间过长时,教师要引导幼儿换位思考:"游戏马上就要开始了,小朋友都在等你们,咱们商量的速度可以快一点儿吗?"通过教师的引导让幼儿知道心里有同伴,要学会换位思考。 4. 在游戏中,教师要注意引导幼儿将一些文明礼仪和礼貌用语融入游戏中。如"请帮我一下,好吗?谢谢你,你表演得真好!"看完演出及时给演员鼓掌等。
游戏材料	各种漂亮服装、头饰、胸花、花环、扇子、仙女棒等道具,及角色胸卡和音乐播放器。	
游戏反思	大班末期,幼儿在商量及解决问题方面已经能很好地独立面对、处理了。这时,老师不需要过多的干涉,只是适时地予以必要的帮助就可以了。就像在游戏中,当孩子们对于某一个角色有冲突而且讨论不能往下进行的时候,老师就要通过适时的介入和有效的提问来指导幼儿。在协商的过程中,教师的提问要注意方式方法,提出的问题要有针对性,能引发幼儿换位思考。	

备注:可以从以下几方面进行记录。

1. 幼儿的语言使用;

2. 材料使用;

3. 游戏规则(材料收放)及持续时间;

4. 混龄、同伴在游戏中的合作;

5. 独立自主性;

6. 游戏的基本操作能力;

7. 游戏中的创新性。

共享区角色游戏观察记录（二）

游戏名称	观察时间	幼儿人数	观察对象	指导教师
宠物馆	2014 年 10 月 2 日	4 人	悠悠	刘思仪

观察目的：	幼儿能够正确使用接待用语。

幼儿表现	教师指导
宠物馆的四名小服务员都在做着自己手里的事情，有的在给宠物染色，有的在给宠物洗澡，宠物馆里十分安静。悠悠抱着一只宠物狗，正在仔细地给它梳理毛发。只见有几名小客人来到宠物馆门前，想要给自己的小宠物美容，小客人在门口站了很久，迟迟没有人来招呼，宠物区的小服务员们只顾着做自己的事情。有一个小客人来到了悠悠的身边，询问悠悠："我想给我的小兔子做个美容，找谁？" 　　悠悠抬头看了一眼小客人，没有说话，仍然自顾自地给手中的宠物狗梳理毛发。小客人们见无人搭理，只好失落地走出了宠物馆。	1. 生活迁移法：迁移幼儿的生活经验，使幼儿知道服务员应该怎样做。 　　教师对悠悠说："悠悠，你平时出去吃饭的时候，服务员都是怎么做的？他有没有跟你打招呼？是怎么招待你的？" 　　2. 环境支持法：利用宠物馆的支持性环境，引导幼儿了解小服务员的接待用语。 　　教师带领幼儿观察宠物馆的图片和流程图，请孩子们自己说一说，在接待小客人的时候，都有哪些礼貌用语。并引导幼儿学说这些礼貌用语。 　　3. 明确活动馆服务员的标志。 　　知道负责给宠物洗澡的幼儿需要戴上浴帽；知道负责给宠物剪毛的幼儿需要戴上围裙和口罩。通过这些简单的穿戴，明确幼儿的分工不同，所对应的任务和接待用语也不同。使幼儿能够充分地参与到游戏。

游戏材料	环境材料：游戏流程图。
游戏反思	在游戏中教师运用了三种方法引导幼儿进行交往，运用图示的方法引导幼儿进行介绍，增强了幼儿的交往能力，使幼儿了解到适宜的礼貌用语并学会在游戏中的运用。

备注：可以从以下几方面进行记录。

1. 幼儿的语言使用；

2. 材料使用；

3. 游戏规则（材料收放）及持续时间；

4. 混龄、同伴在游戏中的合作；

5. 独立自主性；

6. 游戏的基本操作能力；

7. 游戏中的创新性。

游戏名称	观察时间	幼儿人数	观察对象	指导教师
花房	2014 年 10 月 20 日	1 人	大智	赵利平

观察目的：	幼儿在游戏操作活动中坚持性的表现。

幼儿表现	教师指导
大智选择了花房制作师的角色，他在各种制作材料中来回看着，很久都没有选择出自己需要的材料。最终，大智选择了用皱纹纸卷成细细的纸绳做卷花，再粘在饮料瓶上。他卷了一朵五瓣的小花后自言自语地说："做这种花好麻烦呀，半天才做好一朵。"说着就想把材料收起来，不再做了。 　　在老师的引导下，大智接过瓶子仔细看了又看，然后下定决心说："我一定要做一个比这个还要好看的花瓶！"。说完，拿起纸绳低头又开始做花了。 　　游戏快结束时，大智将自己新做好的花瓶送到了花房的柜台。	1. 针对孩子的犹豫，教师上前询问："大智，你想做什么样的花呢？""你喜欢这里的哪种材料？"然后根据孩子的意愿，适当给予小小的建议。 　　2. 看到大智因为觉得麻烦准备放弃，教师拿着他特别喜欢的贴满了纸卷花的饮料瓶作品鼓励他："大智，你看做好的瓶子多漂亮，好多小顾客等着买你做的花瓶呢！" 　　3. 对于大智坚持完成自己选择的事情，教师及时给予了鼓励，并以一名顾客的身份对他说："你做的花真漂亮，一会儿我来买你做好的花瓶，好吗？"。 　　4. 在游戏评价时，教师请大智把他在花屋遇到的困难和最后怎样成功的过程与大家分享，对他能克服困难并坚持游戏给予充分肯定与表扬。
游戏材料	各种材质的纸张、剪刀、胶条、打孔器、压花器、双面胶等基本操作工具；吸管、冰棒棍、饮料瓶、小纸盒等废旧材料，计算器、收纳盒、游戏币等购物材料。
游戏反思	大智在游戏中能认真操作，有较好的游戏习惯。当遇到困难时，虽然产生了放弃退缩的念头，但是，在教师的引导和鼓励下，最终克服困难，坚持游戏，获得了最后的成功。通过此次活动，进一步增强了大智的自信心和坚持性，让孩子从中受益，得到锻炼。

备注：可以从以下几方面进行记录。

1. 幼儿的语言使用；

2. 材料使用；

3. 游戏规则（材料收放）及持续时间；

4. 混龄、同伴在游戏中的合作；

5. 独立自主性；

6. 游戏的基本操作能力；

7. 游戏中创新性。

共享区角色游戏观察记录（四）

游戏名称	观察时间	幼儿人数	观察对象	指导教师
美发屋	2014年10月15日	2人	馨雨、经纬	王琦

观察目的： 提高幼儿的坚持性。

幼儿表现	教师指导
游戏开始，负责美发屋不同角色的幼儿来到自己的岗位上做准备工作。游戏开始后，扮演接待员的馨雨在美发屋门口无精打采地站着，教师上前询问原因，她说："我想当美发师，不想当接待员，我站在这儿没人理我。"这时店长经纬也走了过来说："我也不想当店长了，没有客人来我没事做。"	1. 教师在游戏过程中用鼓励的语言引导少儿积极参与角色的扮演，如"美发厅没有接待员和店长就不会有客人愿意来了，没有客人，美发屋就要倒闭了，你们的工作其实是最重要的。"从而激发幼儿的角色意识。 　　2. 教师多准备一些辅助材料，如毛巾、擦桌布、假发等，在客人没来的时候幼儿可以自己找些事做，如擦桌子、梳理假发、整理和清洗毛巾等。 　　3. 教师可以扮演顾客来做头发，直接参与到游戏中来，引导每个角色进行游戏。 　　4. 利用教育活动，结合美发屋的角色进行游戏活动，丰富幼儿当接待员招揽客人的经验，并让幼儿知道，当店长除了招呼客人，还有管理店内员工的任务，充分激发幼儿参与游戏的兴趣。
游戏材料	各种发饰、假发、毛巾、美发工具、发型图册、收银用具。
游戏反思	孩子们通过教师的指导与引导，对自己所担任的角色有了新的认识，指导接待员不仅仅站在门口迎接客人，还要用语言和动作来吸引客人来理发。店长也不仅仅只招待客人，还要管理店里各岗位员工和整理店内卫生的工作。通过老师的参与，带动幼儿一同寻找美发馆游戏的新乐趣，让孩子们更喜欢参与到自己的角色中，使美发馆角色游戏更加生动有趣。

备注：可以从以下几方面进行记录。

1. 幼儿的语言使用；

2. 材料使用；

3. 游戏规则（材料收放）及持续时间；

4. 混龄、同伴在游戏中的合作；

5. 独立自主性；

6. 游戏的基本操作能力；

7. 游戏中的创新性。

游戏名称	观察时间	幼儿人数	观察对象	指导教师
农艺园	2014 年 4 月 6 日	1 人	乐乐	黄林

观察目的：	当幼儿游戏活动进行不下去时，能克服困难，继续游戏。

幼儿表现	教师指导
共享区的游戏开始了，可是今天来农艺园的小客人，只有一两个小朋友参加游戏，乐乐愣在一旁，不知所措。 　　大班的小哥哥也试图叫自己的好朋友来玩，可是他们今天都被水吧的促销活动所吸引，对农艺园的活动不太感兴趣。由于来的客人太少，教师便提示乐乐："去班上邀请几个小朋友来玩儿吧。"于是乐乐来邀请班上的其他小朋友来当顾客，农艺园一时间热闹起来了。	当教师看到农艺园的孩子们因为人少游戏进行不下去的时候，首先观察幼儿的行为，看幼儿有没有好的方法来解决问题。 　　教师看到年龄稍大的幼儿去邀请自己的同伴时，给予了表扬和鼓励。 　　教师适时提示乐乐，缓解尴尬场景。"乐乐，你可以去班上邀请几个小朋友来做客呀。"以此来引导幼儿进行游戏。 　　教师扮演客人，来到了农艺园进行体验。在游戏过程中，教师有意问一些关于农艺园的问题。"这些东西可以吃吗？我可不可以带走一点儿。"当幼儿游戏进行不下去的时候帮助幼儿开展活动。

游戏材料	帽子、小围裙、食材和小桌椅。
游戏反思	乐乐是一个安静的女孩子，性格温和内向、做事认真。孩子在接触共享区的游戏环境，和参加游戏时有些胆怯，不知所措。教师观察时发现孩子的问题，及时给予帮助和引导，促进幼儿交往和游戏水平的提高。

备注：可以从以下几方面进行记录。

1. 幼儿的语言使用；
2. 材料使用；
3. 游戏规则（材料收放）及持续时间；
4. 混龄、同伴在游戏中的合作；
5. 独立自主性；
6. 游戏的基本操作能力；
7. 游戏中的创新性。

共享区角色游戏观察记录（六）

游戏名称	观察时间	幼儿人数	观察对象	指导教师
串吧	2014 年 11 月 17 日	3 人	小小、浩浩、小玉	徐晓蕾

观察主题：	能够借助同伴互动的方法帮助幼儿了解规则。

情景描述	教师指导
共享游戏时，小小一个人在穿串儿。这时在身旁的浩浩说："你穿错了，应该每串穿三个一样的，你穿的什么都有。"小小站在那里不知所措。教师赶忙请来"服务员"说："有个客人遇到问题了，帮帮她吧！"这时性格外向的小玉走了过去说："来，我来教你怎么穿。每一个串儿上穿三个！三个是一样的种类。你跟我来！"说着便带着"小客人"来到了提示图前，介绍串吧的规则和流程。	幼儿在初步参与角色游戏时往往会被游戏材料所吸引，从而产生了兴趣，并积极地投入游戏中。而此时幼儿对规则还不是很清楚，特别是小班的幼儿。游戏过程中教师观察到了幼儿因为规则比较模糊而胆怯不知所措时，引导幼儿借助同伴资源帮助幼儿解决遇到的问题。从幼儿的表现中可以看到，幼儿之间的交流是自然融洽的，相比教师的引导要更容易了解和掌握。

游戏材料	吸管、布制串儿、小盘、规则图、烧烤架、烤台等。
游戏反思	小小由于年龄较小，对串吧穿串儿的规则不太清楚，所以出现了一个串上穿了三个不一样食物的现象。而当旁边的大哥哥发现问题并告诉她的时候，小小有些不知所措。针对她的问题教师没有直接介入，而是借助同伴资源及时对幼儿的行为进行指导。充分利用大带小的方式帮助幼儿解决问题，了解游戏规则。

备注：可以从以下几方面进行记录。

1. 幼儿的语言使用；
2. 材料使用；
3. 游戏规则（材料收放）及持续时间；
4. 混龄、同伴在游戏中的合作；
5. 独立自主性；
6. 游戏的基本操作能力；
7. 游戏中的创新性。

共享区角色游戏观察记录（七）

游戏名称	观察时间	幼儿人数	观察对象	指导教师
绿色服务站	2014年5月12日	3人	辰辰、小象、菲菲	周为

观察目的：	幼儿对预约服务的了解和预约板的使用情况。

情景描述	教师指导
绿色服务站开业了，辰辰和小象在服务站里摆弄着站里的各种工具，这时只见一位大班的小哥哥走进了他们的服务站说："你们好！我是喜洋洋餐厅的经理，我们今天想请你们来为我们擦柜子。"两名孩子互相看看对方，没有出声。大班哥哥接着说："那今天谁去服务啊？"我说："你们看看预约板上贴着哪个班预约了。"辰辰和小象走到预约板那儿一看说："今天水吧预约需要擦洗。下次请提前预约才能去。"	在大班幼儿到服务站寻求帮助，本班幼儿没有理睬时，教师对大班的哥哥说："那你问问经理今天什么时候为我服务啊？"当孩子们不知道今天去哪里服务，教师提示经理看预约板。帮助幼儿了解今天的服务内容和服务对象，并请经理告诉大班的哥哥要提前预约，才能进行服务。

游戏材料	预约板、胸卡。
游戏反思	预约板和预约服务，是教师新增加的一块内容，所以幼儿对预约板的关注不够。那么预约板的内容就要展示清楚，孩子关注后很清楚自己的工作内容，并能向其他幼儿介绍本站的预约服务。预约板的设置非常适合小班幼儿的具体性思维，让幼儿很直观地了解到今天的服务对象。共享区中还应设立一个大海报让中、大班的幼儿也了解预约服务这项内容，让绿色服务站更好地在共享游戏中流动起来。

备注：可以从以下几方面进行记录。
1. 幼儿的语言使用；
2. 材料使用；
3. 游戏规则（材料收放）及持续时间；
4. 混龄、同伴在游戏中的合作；
5. 独立自主性；
6. 游戏的基本操作能力；
7. 游戏中的创新性。

第三章 共享角色游戏观察记录

91

共享区角色游戏观察记录（八）

游戏名称	观察时间	幼儿人数	观察对象	指导教师
手工坊	2014 年 12 月 3 日	2 人	可欣、芯蕊	陈季涵

观察目的：让幼儿在游戏中学会谦让。

幼儿表现	教师指导
今天在手工坊，可欣和芯蕊在玩纸浆画，两个人都在做小草莓，所以需要很多红色的纸浆。两个人一人拿一个小盘子，里面放着从小盒子里弄出来的纸浆。可是做着做着问题出现了：盒子里的纸浆快没有了，只够一个人做草莓了，这可怎么办呀？就在这时，教师发现可欣的小盘子里还有一点纸浆，而芯蕊的盘子里没有纸浆了。可欣拿起小盒子看了看，又看看芯蕊的盘子，然后赶快用小勺子把盒子里的纸浆弄到了自己的盘子里。"你那儿还有呢，怎么都弄走了呀，我都没的用了。"芯蕊噘着小嘴说。而可欣看了她一眼说："那你明天再做吧。"然后就继续做自己的了。	教师发现这一现象后便将剩余的纸浆一人一半均分，并告诉她们："今天做完这些纸浆我们就结束，咱们一起准备纸浆，留着下次咱们玩儿。可欣，这些玩具和工具都是咱们大家的，你要学会谦让，不应该独霸玩具，要学着分享。"可欣不好意思地低着头，点了点头。 　　教师在幼儿做作品，准备材料的同时鼓励幼儿，这样做是为了下次玩儿时的方便，其他小朋友也能开开心心地玩儿。

游戏材料	围裙、计算器、收银台、颜料、美术工具、作品展示台等。
游戏反思	通过教师的提示引导，幼儿有意识地想到了做事情要谦让，教师继续鼓励可欣，能做到谦让是个好孩子，让她保持下去。共享区的游戏不光是中班孩子玩儿，还有大班和小班的幼儿也要参加。教师引导幼儿学会谦让共享的同时也应告诉幼儿，照顾小顾客的光临，当小班的幼儿遇到困难时要帮助他们。

备注：可以从以下几方面进行记录。

1. 幼儿的语言使用；

2. 材料使用；

3. 游戏规则（材料收放）及持续时间；

4. 混龄、同伴在游戏中的合作；

5. 独立自主性；

6. 游戏的基本操作能力；

7. 游戏中的创新性。

共享区角色游戏观察记录（九）

游戏名称	观察时间	幼儿人数	观察对象	指导教师
流动报亭	2014 年 10 月 23 日	2 人	小瑾、小澜	刘丹

观察目的：	观察幼儿游戏过程中语言的使用情况。

情境描述	教师指导语
流动报亭开业了，孩子们正忙着做准备，他们穿上工作服，戴上小套袖，做准备工作迎接客人。小瑾和小澜是售货员，只见他们看着对面走过来的客人互相看了看，然后小瑾用手指捅了蓝澜一下，嘴里小声地说："你说。"小澜回了一句："你说。"就这样两个人谁也没招呼客人，买东西的人左看看、右看看，又抬头看了看他们，大家都没有说话，然后就走开了。随后又来了几波小客人，同样也是看了看就走开了。生意如此，孩子们的心气也就没那么高了，玩的兴趣都没了。	看着冷清的生意，教师主动问起孩子们："为什么都没人来买报纸呢？"孩子们嘟嘟囔囔，小瑾说："他们没人问我们，也不说话。"小澜说："他们可能没钱。"这时，小瑾却说："他们可能不知道怎么玩！"教师赶忙接了一句："那怎么办呀？"孩子们一听，纷纷说了起来："我来告诉他，我来教他。""好，你们真热心，那一会儿再有客人来，我们就主动地问：你想看报纸吗？我来帮助你！好不好？""好！"孩子们异口同声说道。刚开始，他们还是有点不好意思，教师便说："如果我们声音太小，客人会听不到，还是不会买报纸的。我们应该大一点声音，微笑着和客人说话。"听了老师的话，他俩点了点头，然后就开始对着路过的客人说话。这样一带动，他俩像找到了秘诀一样，充满热情，满脸微笑，对着小顾客说："你想买报纸吗，我来帮你吧"！没一会儿，流动报亭的人气就满了，一波一波的客人让他俩满心欢喜。

游戏材料	服装、印章、不同类型报纸等。

游戏评价	幼儿通过售卖活动，体验游戏带来的快乐，以及买报纸、卖报纸之间的关系，同时感受交往的乐趣。小瑾和小澜这两个小朋友，开始时有些不好意思，互相推诿，没能及时与顾客打招呼。因为他们的不积极、不主动，没有交流互动，造成客人流失。而那些小客人由于年龄的关系，本身交往能力就不是很强，又不太善于表达，再加上小瑾和小澜不主动，所以没有靠近就离开了，使整个活动失去了交往的乐趣。教师在过程中及时发现问题，站在同伴的角度引导幼儿主动交往，积极鼓励幼儿多与同伴交流，大胆招呼客人，丰富幼儿的社会经验，老师的引导和鼓励促进了幼儿的语言能力和游戏水平的提高。

备注：可以从以下几方面进行记录。

1. 幼儿的语言使用；
2. 材料使用；
3. 游戏规则（材料收放）及持续时间；
4. 混龄、同伴在游戏中的合作；
5. 独立自主性；
6. 游戏的基本操作能力；
7. 游戏中的创新性。

游戏名称	观察时间	幼儿人数	观察对象	指导教师
流动售货车	2014年5月6日	2人	妍妍、涵涵	万园园

观察目的：	观察幼儿在售货车游戏中的表现。

情境描述	教师指导语
共享游戏开始了，妍妍和涵涵摆出自家的流动货物车。准备好货物车上的货物：各种美味的糖葫芦、甜点、冰激凌等食品。看着路人越来越多。而货物车的顾客也越来越多了，就在这时，涵涵并没有制作糖葫芦而是在一旁玩了起来，一直卖货的妍妍说道："你快做糖葫芦。"涵涵听到妍妍的话抬起头说："我马上就做好了。"于是边做边玩。回到柜台的妍妍继续卖货，顾客来了，妍妍却既不与顾客打招呼也不会主动介绍特色，只是顾客自己挑选食品，顾客随便给售货员（妍妍）几元钱就走了。	1. 教师及时引导幼儿使用礼貌用语接待顾客说："客人来了，您好，欢迎光临。" 　　2. 教师以客人身份与幼儿进行交流说："妍妍，能为我介绍一下，这些糖葫芦多少钱吗？都怎么卖呀？""有什么优惠活动吗？"引发幼儿交往。 　　3. 教师运用鼓励的话语如："涵涵，你做的糖葫芦可真香呀，顾客肯定都特别喜欢吃，你要是不贪玩多做些就更好了。"来鼓励幼儿认真做事和增强幼儿的自信心。 　　4. 教师要引导涵涵招呼客人，见到客人买东西时要说："您好，您想买点什么？"同时要主动介绍商品。引发幼儿之间的交往。

游戏材料	糖葫芦、冰激凌、售货车。

游戏评价	妍妍是个比较内向的孩子，在语言上缺乏沟通，在游戏中所表现出的只是简单的操作。教师要根据幼儿在活动中的表现，肯定幼儿做事的同时，给幼儿提出更高的要求：做事要认真，要一心一意。同时还要以游戏者的身份参与游戏，积极引发幼儿主动交往，参与活动。另外一个孩子的动手能力比较强，有交往的意识，但做事有点不认真，缺乏持久性。教师要及时地发现问题，及时介入，引导幼儿与人交往，鼓励幼儿认真做事，同时教师对物质材料的准备要多样化，激发幼儿对游戏的兴趣。引导幼儿更深入地探索售货车可以出售的货物，更积极地与人交往，促进幼儿游戏水平的提高。

备注：可以从以下几方面进行记录。

1. 幼儿的语言使用；

2. 材料使用；

3. 游戏规则（材料收放）及持续时间；

4. 混龄、同伴在游戏中的合作；

5. 独立自主性；

6. 游戏的基本操作能力；

7. 游戏中的创新性。

游戏名称	观察时间	幼儿人数	观察对象	指导教师
书吧	2014 年 10 月 9 日	2 人	小静、一鸣	胡亚红

观察目的：	观察幼儿爱护图书的表现。

幼儿表现	教师指导
书吧开张了！ 　　中班小朋友小静先来到书吧去选自己喜欢看的图书。当她拿着一本《智慧乐园》回去阅读时，小班的一鸣就凑了上去，也想看看。小静并不想和一鸣一起看，两个人便争了起来。最后把书的封面撕下来一半。孩子们停住了动作，两个人都没有表情地看着教师。这时教师走过去说："孩子们你们看，书宝宝的身体都被撕坏了，它得多伤心啊。"小静说："书宝宝都哭了。"一鸣也低下了头。教师拍了拍他俩的头，轻轻地说："没关系，我们一起来把书修好。把掉下来的部分轻轻地对上去，再用胶带轻轻地粘贴。"孩子们拿来了胶条，一个扶着书，一个粘贴。不一会，图书就修好了。我对孩子们鼓励说："你们做得很好，下次不要抢了，要爱护图书。"孩子们认真地点点头。	孩子们在参与书吧活动之前，教师可以引导幼儿先了解图书的阅读规则，认识到爱护图书就是不破坏图书，不撕、不抢，有什么问题可以轻声商量。 　　活动中，当幼儿出现了不爱护图书的表现，教师不用立即制止孩子的行为，适当地给孩子留一点思考的空间，如果他们能在出现问题后主动想办法弥补，教师再去提供建议。批评与指责不利于幼儿认识到自己错误。 　　在活动之后，教师可以引导幼儿进行一系列的爱护图书的活动，修补图书就是一种很好的方法，让孩子们在修补图书的过程中体会合作，弥补自己的过失，是非常有效的。

游戏材料	胶带或胶棒。
游戏反思	通过这项活动，我们也不是要求宝宝们修得有多好，只要他们认真在做，就能体会到修补图书是一件不容易的事情，从而懂得爱惜图书、爱护物品的道理。所以，只要教师平时多留意宝宝的一举一动，及时对他们进行教育，相信每个宝宝都是最棒的！

备注：可以从以下几方面进行记录。

1. 幼儿的语言使用；

2. 材料使用；

3. 游戏规则（材料收放）及持续时间；

4. 混龄、同伴在游戏中的合作；

5. 独立自主性；

6. 游戏的基本操作能力；

7. 游戏中的创新性。

幼儿园共享角色游戏指导

游戏名称	观察时间	幼儿人数	观察对象	指导教师
糖果屋	2014年5月26日	2人	昕昕、莹莹	马焱

观察目的：	观察幼儿同伴合作意识的体现。

幼儿表现	教师指导
今天的糖果屋很忙碌，客人排起了长长的队伍。 　　昕昕既是服务员又要卖糖果，还要忙着给客人倒水。 　　过了一会儿，昕昕给小班小朋友装糖果，糖果不小心掉到了地上，她马上捡了起来又放在餐盘中继续交给了客人，而这个客人也没有任何意见，拿起糖果高高兴兴地放进了嘴里，而昕昕脸上却没有了笑容。 　　教师慢慢地笑着靠近她，看到昕昕的变化，教师马上停住了脚步。 　　教师走到糖果接待员莹莹身边说："你看今天的客人真多，昕昕都忙不过来了，你愿意去帮帮她吗？" 　　莹莹点点头，马上走到昕昕身边说："昕昕，我来帮你！"昕昕的脸上马上出现了笑容："你来给他们倒水吧。"两个朋友快乐地合作起来，一直到游戏结束。	中班的小朋友应该都知道掉在地上的东西不能再吃了这个简单的道理，只是全身心地投入在游戏中，没有顾及到而已，而昕昕又是一个自尊心特别强的孩子，直接和她说掉糖果的事会影响她游戏的情绪。教师想昕昕掉糖果都是因为客人太多忙不过来了，如果有了帮手就不会出现这种情况了。 　　这次的介入，教师捕捉到了幼儿发出的动作和表情信息，并适度、适当地进行了间接地引导，收到了很好的效果。如果教师直接指导幼儿"注意卫生，掉东西不能再吃"，会影响到幼儿情绪，更重要的是对幼儿经验的提升没有什么帮助。

游戏材料	糖果实物、一次性水杯、小水壶、收银机。

游戏反思	教师请其他幼儿来帮助昕昕，可以间接地让她知道，当客人多忙不过来时，可以找同伴帮助，一起完成工作。这样做，不仅保护了幼儿游戏的积极性，还丰富了幼儿解决困难的经验，体验到了同伴合作的快乐。

备注：可以从以下几方面进行记录。
1. 幼儿的语言使用；
2. 材料使用；
3. 游戏规则（材料收放）及持续时间；
4. 混龄、同伴在游戏中的合作；
5. 独立自主性；
6. 游戏的基本操作能力；
7. 游戏中的创新性。

游戏名称	观察时间	幼儿人数	观察对象	指导教师
娃娃家	2014 年 3 月 16 日	2 人	硕硕、桐桐	董丽媛

观察目的：	锻炼幼儿角色协商分工的能力。

幼儿表现	教师指导
大班的硕硕今天早早地第一个来到了楼道的娃娃家活动区，他高兴地拿起"爸爸"的衣服和头饰，准备穿戴好，正式担当起"爸爸"的任务，正在这时，中班的桐桐也来到了娃娃家，他看见硕硕正在穿戴"爸爸"的衣服，着急地对硕硕说："我也想当爸爸。"硕硕说："可是是我先来的。"桐桐又说："那你能让我当一次爸爸吗?"硕硕没有说话。两个小朋友谁也不说话了，他俩都抬头看着教师，似乎是想要请求教师来帮助他们解决问题。 　　过了一会儿，硕硕想了想说："我们俩猜拳决定吧，谁赢了谁当爸爸。"桐桐说："好吧！"两人猜拳之后，还是硕硕赢了，这一下硕硕更加高兴了，他非常自信地继续穿"爸爸"的衣服了，桐桐也没有再说什么，脸上也没有表现出一点点的不高兴，转过身去拿"宝宝"的衣服，准备去当"宝宝"了，教师摸了摸他们的头说："一个爸爸，一个宝宝，真棒！"	教师看着大班的硕硕说："硕硕是大哥哥，应该可以解决这个问题的"。说完教师故意假装帮助他们整理娃娃家的柜子。

游戏材料	娃娃家"爸爸"和"宝宝"的服装及帽子。
游戏反思	硕硕和桐桐都比较想扮演"爸爸"，两个男孩子性格比较温顺没有就此发生争执，本来想求助老师帮助他们想办法。但是教师没有急于直接帮助，而是带有表扬性地把问题抛给了两个孩子，出于对扮演"爸爸"渴望的心理，幼儿想出了用猜拳游戏决定谁来扮演"爸爸"的问题的好方法。《纲要》也明确指出，教师应该鼓励幼儿积极主动与同伴交往，尝试自己解决游戏中出现的问题，获得成功的感受，体验自尊和自信。今天教师没有急于干涉幼儿的活动，看似持旁观者的态度，实质上是在暗自小心地支持着幼儿，把问题抛给孩子们，让孩子们在相互碰撞中找到解决问题的好方法，这样孩子们不仅仅是更加容易遵守规则和接受结果，更为重要的是，这样孩子们才真正成为活动的主人，解决问题的能力才会不断提高。

备注：可以从以下几方面进行记录。

1. 幼儿的语言使用；

2. 材料使用；

3. 游戏规则（材料收放）及持续时间；

4. 混龄、同伴在游戏中的合作；

5. 独立自主性；

6. 游戏的基本操作能力；

7. 游戏中的创新性。

游戏名称	观察时间	幼儿人数	观察对象	指导教师
水吧	2014 年 5 月 6 日	3 人	轩轩、子赫、梓萌	赵瑾

观察目的：	引导幼儿能够发现问题并大胆解决问题。

幼儿表现	教师指导
在游戏开始一段时间后，水吧一直没有迎来小客人，迎宾员子赫找到教师着急地说："赵老师，我们等了半天都没有人来，怎么办？"收银员轩轩和服务员梓萌也来到教师身边说："老师，你看那些客人都去小餐厅吃饭了，都不来我们这儿喝饮料了。"教师回答道："哦，那小餐厅的客人吃饭的时候要不要喝饮料呢？那怎么才能让他们喝到我们的饮料呢？"……子赫大声地说道："老师要不我们端着饮料去小餐厅卖吧，他们吃饭的时候一定需要饮料！""这个办法真不错，那我们现在就出发。"	1. 以支持鼓励的方式引导幼儿想出解决办法。"我们应该怎样做才能让他们喝到我们的饮料呢？" 2. 教师以客人的方式介入到共享游戏中引导幼儿之间的交往，促使水吧与其他活动区有效地互动起来。向其他共享区的小朋友推销产品："您好！这是我们新推出的饮料，很有营养。""如果您觉得好喝的话可以在我们店里进货。"

游戏材料	饮料粉、水、搅拌匙等。
游戏反思	在共享游戏中，当幼儿能够主动发现问题时，教师能够巧妙地将问题抛向孩子，激发幼儿主动解决问题，在解决问题的同时利用迁移的方式，结合现实经验引导幼儿如何向其他共享区推销产品。和与小餐厅进行合作，同时在交流中发展幼儿的社会性交往能力。让游戏在原有的基础上更富有趣味性、社会性。

备注：可以从以下几方面进行记录。

1. 幼儿的语言使用；

2. 材料使用；

3. 游戏规则（材料收放）及持续时间；

4. 混龄、同伴在游戏中的合作；

5. 独立自主性；

6. 游戏的基本操作能力；

7. 游戏中的创新性。

幼儿园共享角色游戏指导

共享区角色游戏观察记录（十五）

游戏名称	观察时间	幼儿人数	观察对象	指导教师
超市	2014 年 5 月 26 日	3 人	笑笑、豆豆、轩轩	陈安琦

观察目的：	在游戏中鼓励幼儿协商合作能够解决问题。

幼儿表现	教师指导
"老师，我们超市的顾客太多了，收银员都忙不过来了！"刚开活动区几分钟，超市里的收银员笑笑很着急地向教师求助。超市是班级的共享角色区，一开始玩的时候孩子们都对这个区有着浓厚的兴趣，可是随着时间的推移，问题也开始逐渐显现出来了。"没关系，你们快开动一下小脑筋，想想好办法。"教师没有马上替他们"解围"，而是把问题抛给了孩子们。他们聚在一起讨论了一会儿，理货员豆豆和顾客轩轩就站了出来："我们来帮你吧！"只见豆豆一会儿去帮忙收银，一会又忙着去理货忙得不亦乐乎，为了减轻收银员的压力轩轩也不去买东西当顾客了。问题似乎解决了，但是他们玩得不太尽兴。	1. 鼓励幼儿活动时能与同伴分工合作，遇到困难一起克服。当超市收银员忙不过来时，借助这个契机把问题抛给幼儿，鼓励幼儿一起协商合作解决问题。 2. 借助问题情境，为幼儿提供机会，与幼儿共同讨论，培养幼儿独立解决问题的能力。"超市顾客多的时候，可以挂个高峰期的牌子，提醒顾客先去别的区玩。""可以再加一名收银员。""可以提醒顾客不要乱买。"总结孩子们的办法，最后终于问题迎刃而解，选用增加一名流动收银员的办法解决了问题。锻炼幼儿独立思考、判断的能力。

游戏材料	游戏卡、购物筐、货币、商品、购物车。
游戏反思	孩子们在工作方面比较有经验，但有时一遇到问题总是向老师求助，独立解决问题和商量讨论问题的能力还有待提高，因为是超市共享游戏，所以与现实超市的情景是相符的，孩子在遇到问题时，教师利用生活经验的迁移，引导幼儿独立或合作协商挖掘问题，解决顾客买东西过多、钱不够支付等问题，并促进幼儿在共享活动区同伴间的交往。

备注：可以从以下几方面进行记录。

1. 幼儿的语言使用；

2. 材料使用；

3. 游戏规则（材料收放）及持续时间；

4. 混龄、同伴在游戏中的合作；

5. 独立自主性；

6. 游戏的基本操作能力；

7. 游戏中的创新性。

游戏名称	观察时间	幼儿人数	观察对象	指导教师
洗衣房	2014年4月2日	3人	美儿、乐乐、琪琪	赵凤英

观察目的：　解决游戏中的矛盾。

幼儿表现	教师指导
美儿、乐乐、琪琪来到洗衣房穿戴好洗衣房的工作服（帽子、围裙），开始了洗衣房的游戏。 　　他们各自从衣柜中拿出几件衣服开始了工作。美儿用洗衣盆、搓衣板洗衣服，她挑选了比较小件的背心、袜子；乐乐拿起了熨斗在长柜子上熨衣服；琪琪把衣柜里的衣服都放进了洗衣机，用小手在按钮上点按了几下就不知道做什么了，站在一旁。 　　琪琪看见了挂烫机，就拿起挂在晾衣竿上的衣服挂在挂烫机上烫起了衣服。 　　不一会儿，来了一位小客人要洗衣服。三个小朋友就都抢着要自己洗："我洗！我洗！我来洗！"三个人都要为客人洗衣服。 　　美儿举起衣服看了看说："这是外衣。"琪琪说："外衣要用洗衣机洗，给我。"说着琪琪就动手抢美儿手里的衣服。美儿说："我用洗衣机洗。"琪琪堵在洗衣机前说："你不是用洗衣机的，你是用盆洗的。" 　　美儿是用盆洗背心、袜子的，琪琪是用洗衣机洗外衣、裤子的。 　　美儿于是就把衣服给了琪琪，拉着乐乐一起推着小车到班上收衣服去了。	"琪琪，看看还有什么可以做？" 　　"都先别着急哪，问问客人这衣服怎么洗呀，是用洗衣机还是用手洗？" 　　"你们看看这是内衣还是外衣？是要用手洗呢，还是要机洗？" 　　"这样呀，看来咱们的洗衣房生意不太好呀。要不这样，你和乐乐推着小车去问问其他班上有没有小朋友洗衣服，让琪琪洗这件和接待客人。"

游戏材料	洗衣机（自制）、洗衣盆、搓衣板、肥皂盒、肥皂（自制）、衣篮、熨斗、挂烫机（自制）、晾衣架、晾衣竿、衣柜、长柜子或桌子、小推车。
游戏反思	小班幼儿游戏多是自己玩自己的，他们不会协商合作。做完一件事后往往不知道干什么，游戏无法继续下去，也容易发生争抢事件。教师运用了经验回顾法，帮助幼儿解决了纷争，并提出建议使游戏继续下去，提高了幼儿的游戏水平。

备注：可以从以下几方面进行记录。
1. 幼儿的语言使用；
2. 材料使用；
3. 游戏规则（材料收放）及持续时间；
4. 混龄、同伴在游戏中的合作；
5. 独立自主性；
6. 游戏的基本操作能力；
7. 游戏中的创新性。

幼儿园共享角色游戏指导

游戏名称	观察时间	幼儿人数	观察对象	指导教师
小餐厅	2014年9月17日	1人	子安	赵瑾

观察目的：	让幼儿用礼貌的语言与客人交流。

幼儿表现	教师指导
小餐厅开张了，小客人陆陆续续地走进餐厅，小服务员子安快速地把菜单往桌子上一放，简单地说了一句"请点菜"，就站在一边等着。客人点好菜后他转身把菜单交给了厨师，又站在传菜口等着。当厨师炒好后，他默默地把菜端上桌后就转身离开了。小客人开始进餐，进餐结束后，小客人离开，子安开始收拾餐桌上的餐具。看到孩子们的游戏情景，教师问子安："你和家里人到餐厅吃饭时，服务员是怎么做的？他们都说了些什么？"子安说："门口的服务员会说您好，欢迎光临，请问您几位？""当坐在餐桌上时，服务员还会说些什么呢？""服务员会说：'您吃点什么？我帮您点菜。'""菜端来之后服务员会说什么呢？""服务员会说您点的鱼香肉丝，请慢用……"就这样在对话中，子安的相关经验被调动起来了，并且将这些语言运用到游戏之中。	当教师看到子安与客人无交流时，教师问："当你和家里人到餐厅吃饭时，服务员是怎么做的？他们都说了些什么？"引导幼儿回忆生活情节，从而引发生活经验。

游戏材料	操作台、蔬菜、工具等。
游戏反思	游戏中孩子们之间的交流，有利于孩子的语言发展，并且可以提升幼儿游戏的空间，能够有效地丰富幼儿的语言和社会性，当遇到孩子间不交流时，老师运用经验法引导幼儿回忆去餐厅就餐的情景，鼓励幼儿大胆地表达，生动地表现自己所扮演的人物角色。

备注：可以从以下几方面进行记录。

1. 幼儿的语言使用；
2. 材料使用；
3. 游戏规则（材料收放）及持续时间；
4. 混龄、同伴在游戏中的合作；
5. 独立自主性；
6. 游戏的基本操作能力；
7. 游戏中的创新性。

共享区角色游戏观察记录（十八）

游戏名称	观察时间	幼儿人数	观察对象	指导教师
小医院	2014 年 5 月 8 日	2 人	小鑫、小琳	任继莉

观察目的：	医院记录单使用情况。

幼儿表现	教师指导
游戏是打乱年龄班的界限，所以其他班的小朋友对小医院很感兴趣，纷纷到小医院来游戏，分诊台的病人明显多了起来。两个小护士小鑫和小琳忙碌起来，一个在给大家量身高、体重，一个向病人询问情况并进行记录。由于患者较多而排起了长队，有的病人就开始抱怨："太慢了，我都不想看了！"有小朋友干脆放弃了游戏。看到病人流失，小琳失望地看着小鑫说："人都走了可怎么办呀？"小鑫很无奈地摇摇头。 　　教师看到后对在医院游戏的小朋友说："咱们开个会吧，大家一起想办法。"集体讨论的方法是为了缓解人多排队的现象，在分诊台处准备三支水彩笔，这样大一点的孩子就可以自己填写记录表内情况，如姓名、年龄、身高等，不会写名字的就直接把挂号单上的数字写在表内，年龄小的孩子可由护士帮忙。	1. 当游戏遇到问题时，教师说："咱们开个会吧，大家一起想办法。"引导幼儿共同解决问题。 　　2. 在讨论过程中老师多是提问：为什么？怎么办？一步步引导幼儿想办法。

游戏材料	身高表、体重秤、记录单、分诊台、水彩笔、护士胸卡、护士服。
游戏反思	老师运用了集体讨论法，请参与小医院游戏的幼儿把今天遇到的问题告诉大家，小朋友一起讨论出解决办法。当遇到类似的问题时孩子们就会想办法让游戏继续下去，孩子们解决问题的能力也会不断提高。

备注：可以从以下几方面进行记录。

1. 幼儿的语言使用；

2. 材料使用；

3. 游戏规则（材料收放）及持续时间；

4. 混龄、同伴在游戏中的合作；

5. 独立自主性；

6. 游戏的基本操作能力；

7. 游戏中的创新性。

共享区角色游戏观察记录（十九）

游戏名称	观察时间	幼儿人数	观察对象	指导教师
照相馆	2014 年 12 月 7 日	3 人	予涵、可欣、希希	付明芸

观察目的：	幼儿协商分配角色的情况。

幼儿表现	教师指导
共享游戏开始了，路过照相馆时，发现几个孩子在那里协商角色，希希说："老师，予涵和可欣都想当摄影师，怎么办？"这时予涵说："我刚才对可欣说了要互相谦让，她也不谦让，我都好几天没玩了。"可欣说："我也好几天没玩了。"教师说："你们两个都要当，怎么办呢？""那你就不能明天再玩吗？"予涵说。可欣小声说："明天我要请假，不来了。"教师又接着说："相互谦让就是你让他，他也让你，是真心地让着别人，不是不让别人玩而让你玩。" 　　这时她们想出了好办法，予涵说："那我们能不能轮流当呢？"可欣说："好，那你先当，我后当，我们轮流当摄影师。"予涵说："谢谢你，我当完了你当。"于是，她们都高兴地玩上了自己想扮演的角色。	1. 教师发现幼儿有争执时没有直接告诉幼儿方法，而是问："你们两个都要当，怎么办呢？" 　　2. 通过幼儿的对话，教师发现孩子们没有真正理解谦让的意义，于是教师说："相互谦让就是你让他，他也让你，是真心地让着别人，不是不让别人玩而让你玩。"

游戏材料	照相机、服装、饰品、相框等。
游戏反思	幼儿在游戏过程中学会轮流玩和协商的技能，这样游戏才具有价值，孩子也才能体验到游戏带来的乐趣。另外，幼儿玩玩具要和他人一起分享，玩具还可以轮流交换着玩，这样才能最快乐。

备注：可以从以下几方面进行记录。

1. 幼儿的语言使用；

2. 材料使用；

3. 游戏规则（材料收放）及持续时间；

4. 混龄、同伴在游戏中的合作；

5. 独立自主性；

6. 游戏的基本操作能力；

7. 游戏中的创新性。

共享区角色游戏观察记录（二十）

游戏名称	观察时间	幼儿人数	观察对象	指导教师
银行	2014 年 3 月 18 日	5 人	天天等	王丽君

观察目的：	教师指导幼儿在银行活动中的互动交往。

幼儿表现	教师指导
在银行柜台游戏的大班小朋友天天着急地跑到教师面前高声说："老师不好了，来取钱的客人太多了，银行破产了，都没有钱了。"教师来到银行，看到来取钱的小朋友都背着小书包排着队，伸着小手大声地说："我取钱，我还买菠萝水呢。""我也取钱去超市买东西。""快点给我取钱呀，一会该没时间了。"这时天天着急地说："都走吧，没钱了，银行破产了，老师您看看。"这时教师对排队的小朋友说："看看你们的小包里还有钱么？"几个小班的小朋友翻开小包说："我这有，就是太少了。"张老师和天天开始帮小班的数钱，1 元、5 元、10 元……天天开始大叫："这么多钱还取钱，你这儿的钱都比银行多了。"小班的小朋友说："我买的菠萝水要好多钱呢。"教师说："用这些去买吧。"还叫来了姐姐跟他一起去。银行门口一下子清净了，王老师转身对天天说："你想想，怎么让银行又有钱呢？"天天想了一下，大声说："我去超市、美发厅收点租金吧，给他们弄个存折。"天天一路小跑地走了。	1. 教师对排队的小朋友们说："看看自己的小包里是不是还有一些钱，先去买东西，不够再来银行取钱。"一部分包里有一些钱的小朋友就走了。 　　2. 教师说的引导语及效果："用这些钱去买菠萝水吧。"还让大班姐姐带着去买，既满足了小班幼儿的需要，又缓解了银行门口人多没钱取的问题。 　　3. 教师对天天说："你想想，怎么让银行又有钱呢？"这样提问比较适合大班的年龄特点，引导幼儿自主解决游戏中的问题。

游戏材料	银行的钱币、铅笔、小包等。
游戏反思	幼儿对游戏很投入，在出现银行破产问题的情况下能通过较为简练的语言解决了人多争抢的问题，还引导天天自主解决了问题，整个游戏过程还是比较真实有效的。

备注：可以从以下几方面进行记录。

1. 幼儿的语言使用；

2. 材料使用；

3. 游戏规则（材料收放）及持续时间；

4. 混龄、同伴在游戏中的合作；

5. 独立自主性；

6. 游戏的基本操作能力；

7. 游戏中的创新性。

附 录

让共享角色游戏成为解决幼儿交往问题的重要途径

李军彩

交往是人的需要，也是社会对人的要求。然而，随着居住在高层建筑的家庭越来越多，电子产品如手机、电脑、游戏机的介入，幼儿交往的空间越来越少；同时，家庭、社会中成人过多的呵护与溺爱，也剥夺了幼儿主动思考、解决问题的机会，造成大部分幼儿出现胆小、孤僻、不合群、以自我为中心、不会使用礼貌用语、不会解决问题的现象。那么，如何提高幼儿的交往能力，使其掌握更多的交往技能，不断适应社会、集体生活呢？在研究中，我们发现游戏是促进幼儿交往的重要途径，必须有效利用游戏这一载体，为幼儿创设良好的交往环境，使幼儿在游戏实践中得到锻炼，从而促进幼儿交往能力的提升。

在幼儿园教育实践中，我们发挥教师的智慧，共同创设了适宜小、中、大班的共享角色游戏区域（即小、中、大班幼儿共同参与角色扮演，共享支持性环境、玩具材料、环境设施的游戏），为幼儿交往打开了一扇合作、沟通、轮流、谦让、分享、协商的大门，从而全面提高了幼儿的交往能力。

一、开展共享角色游戏，使幼儿敢与人交往

幼儿在交往中常出现胆小、孤僻现象，特别是年龄越小的幼儿，越是明显。因此，我们创设了打破年龄班界限的共享角色区域，共享资源的同时使幼儿在成人、同伴的游戏氛围中扮演不同社会角色，相互模仿，勇敢地开口与同伴、教师、哥哥、姐姐、弟弟、妹妹交流与沟通，打破了班级界限，大大增加了幼儿交往的频率，为全园幼儿创造了开口说话的机会。

"大带小"敢说话

以往在班级的角色游戏中，因为受年龄限制，小班幼儿沟通交流很费劲，只有教师介入才能使游戏顺利开展。然而，共享角色游戏充分发挥"大带小"的优势，形成大班带中班、大班带小班、中班带小班的游戏氛围，既促进了大班幼儿勇敢与小班幼儿交流，又带动了小班幼儿勇敢开口说话。例如，小班琪琪在教师的带领下来到美发区，一位大班的哥哥接待了她："你想玩什么？"看

到琪琪没有说话，大班哥哥又说："你想做头发吗？"琪琪点点头，于是，大哥哥带着琪琪走进"美发厅"，帮助琪琪选起了发型。很快，就听到从来不爱说话的琪琪跟哥哥说："我想要漂亮卡子！"虽然只是简单的一句话，但对于孩子来说却是克服胆小和胆怯、勇敢讲话迈出的一大步。

"师带幼"敢交流

共享角色游戏的"师带幼"参与游戏更加突出。教师根据不同角色区域和幼儿参与角色游戏状况，扮演不同的角色，目的是带动游戏的开展，鼓励幼儿在角色游戏中勇敢与教师交流、沟通。例如，教师参与"小超市"游戏，扮演经理帮助小朋友分配角色，在幼儿出现问题时及时给予解决并发起新的游戏内容。"超市经理"（一名教师）看到"收银员"（一名大班幼儿）坐在座位上没事干，就对他说："你算一算我们今天挣了多少钱，帮我记录在本上，等超市忙完后我给大家发工资。"听到"经理"的话，"收银员"又忙活了起来。又如，"宠物区"，教师扮演客人，抱着一只毛绒狗走进宠物区："我想请你们帮我把小狗打扮得漂漂亮亮的！"一名"服务员"（小班幼儿）走过来说："你需要花十块钱。""客人"拿出钱递给"服务员"，"服务员"抱过小狗开始帮助整理起毛发。"客人"说："它需要洗个澡，还要换上穿上一件漂亮的衣服……""服务员"说："好的。"教师的带领不仅让游戏变得更加有趣，还丰富了幼儿的游戏经验，引导他们学习与成人勇敢交流、沟通。

二、制定共享游戏规则，使幼儿敢与人交往

没有规矩不成方圆，规则的制定是游戏开展的基础。研究中我们制定了共享角色游戏规则，更多地关注幼儿怎样与人交往。

规则一：使用交往用语和同伴进行沟通

学习、掌握交往用语，是开展共享角色游戏的基本规则要求。在研究中，我们制定了适合小、中、大班使用的交往用语，幼儿在共享角色游戏中共同学习、运用和借鉴。例如，"水吧"中，大班幼儿扮服务员热情地接待："客人好！欢迎来到水吧，我们这里有橙汁、牛奶、高乐高、柠檬汁，您想喝点什么？""客人"（小班幼儿）："我喝高乐高。""五块钱一杯。"小班幼儿掏钱，大班幼儿接过钱："谢谢！""您稍等！""客人"走时，大班幼儿说："谢谢，欢迎您下次光临！"

礼貌用语的要求和使用，既促进了大班幼儿交往用语的使用，也使小班幼儿在与大班幼儿的交流中自然习得了更多交往用语。

规则二：合作开展游戏和同伴坚守岗位

因为共享角色区域的角色扮演来自不用年龄班幼儿，因此，游戏中也自然渗透了幼儿之间的合作、大与小之间的谦让。例如，"串吧"游戏，既有"烤串的师傅"，又有"收银员""服务员"，大家都要相互配合、共同游戏。同时，对于小班的弟弟、妹妹，在游戏时中大班的哥哥姐姐要谦让、友爱，帮助、指导他们一起进行游戏，并坚持到游戏的最后。游戏时，孩子们其乐融融地投入到游戏中。此项游戏规则的制定，解决了幼儿在交往中不知合作、谦让、友爱、帮助、坚持等诸多问题。

规则三：爱护游戏材料和同伴玩过归位

共享角色游戏的玩具材料层次性很强，既有适合小班的基础玩具，又有适合中大班的组装玩具，在游戏中，我们要求幼儿遵守游戏规则，爱护玩具材料，知道玩过的玩具要放回原处。例如，"小餐厅"，两位"厨师"为"客人"炒菜，铲子、漏勺、刀具摆了一堆，游戏结束时，就需要他们按原位摆放回去。又如，"美发区"因为地方有限，理发的"顾客"又特别多，因此，在区域游戏中，"理发师"要爱护自己的游戏材料，同时在游戏结束后整理好每一件理发物品。这一项规则的制定在培养幼儿爱护玩具的同时，也让幼儿知道游戏后按规律将物品分类、归位。

规则四：共同协商角色和同伴轮流扮演

共享角色游戏中有不同的角色，需要幼儿一起协商，轮流扮演。例如，"小剧场"中有经理、售票员、演员、服装设计师、观众，在游戏中幼儿可协商、轮流扮演角色。"我想当演员！"坐在台下看表演的一名观众提出了要求。"经理"同意后，这名昨天就想上台的"观众"终于当上了演员，经过"服装设计师"的装饰，她走上舞台，随着音乐走向"观众"，台下一片掌声，"小演员"也露出了笑容。在游戏期间，"售票员"还跟"演员"商量互换角色，快乐地开展游戏。

三、参与共享角色游戏，使幼儿会与人交往

同龄班级开展共享游戏

在共享角色游戏开展过程中，除了打破小、中、大班年龄界限的活动以外，我们还开展了打破同年龄班界限的共享角色游戏，使之成为园所日常工作的一部分。在每日的区域活动中，相邻的同年龄班幼儿共享角色游戏区域、共同参与角色扮演游戏，相互交流、共同合作、协商解决游戏中出现的问题，学会与人交往的多种方法。例如，区域游戏开始了，两名大一班的小朋友和一名大二班的小朋友、一名大三班的小朋友来到共享角色区域"体检中心"，"我想当医生""我当挂号医生""我当护士"——幼儿虽然来自不同的班级，但凑到一起开始分配起角色合作开展游戏。

家长进课堂参与共享游戏

日常工作中，我们将家长进课堂与共享角色游戏进行整合，增加幼儿与家

长之间的交流、沟通，在游戏中使用礼貌用语学习与长辈进行沟通的多种方法。例如，家长进课堂活动中，一位老爷爷来到"水吧"，"服务员"（小、中班幼儿）都很热情地接待，抢着给爷爷拿椅子，抢着给爷爷拿食谱："爷爷，您坐这儿，您想喝什么？""我想喝杯茶。"爷爷笑着说。孩子们主动给爷爷沏茶、端茶，忙得不亦乐乎："爷爷，您请喝茶！"在游戏中，家长的参与使幼儿的游戏更加真实、有趣，孩子们也在共享游戏中学会了与长辈交往的多种方法。

共享角色游戏为幼儿交往搭建了更加宽泛的平台，是促进幼儿交往的重要途径，在小、中、大班共同参与的角色游戏中，减少了交往中出现的问题，丰富了交往的方法，幼儿相互学习、模仿成为共享游戏最大的亮点。

尾注：此论文为北京市教育科学"十二五"规划青年专项课题（2011 年度）研究成果。

课题名称：《在共享角色游戏中提高幼儿交往能力的研究》

课题负责人：李军彩

课题批准号：CCA11076

在共享角色游戏中促进幼儿有效交往的策略与方法

李军彩

交往对于幼儿的成长具有重要意义，它不仅是幼儿情感、个性发展的重要依据，也是幼儿不断融入集体和社会的必备条件。而游戏是幼儿的基本活动，在游戏中引导幼儿扮演不同角色，是促进幼儿有效交往的重要手段。在研究中，我们利用幼儿园宽敞的楼道空间，创设了丰富的角色扮演区域20多个，打破年龄界限，开展全园性的共享角色游戏活动。全园幼儿都有机会参与每个角色区域的游戏，共享角色扮演，共享玩具材料，从而形成了教师与幼儿、大孩子与小孩子的"小楼道大社会"的游戏场景，为幼儿与同伴、与教师、与不同年龄的哥哥姐姐或弟弟妹妹进行交往、沟通创造了更多的机会。

多年的研究中，我们发挥教师们的智慧，共同创设了适合小、中、大班的楼道共享角色区域和支持性环境，投放了相应玩具材料，积累了丰富的指导方法，为幼儿在游戏中打开了一扇模仿、合作、沟通、交流的大门，为幼儿在共享角色游戏中提高交往能力奠定了扎实的基础。

一、整体规划，构建楼道共享角色区域

共享角色游戏是指创设公共的角色游戏场所，小、中、大班幼儿共同参与角色扮演，共享玩具材料、环境设施开展的游戏。研究过程中，我们充分利用楼道空间，整体规划，为全园幼儿创设了共享角色游戏区域，使其成为我园看得见、摸得着的一道亮丽风景线。

（一）整体构建楼道共享角色区域

1. 区域游戏突出共同参与

共享角色区域有别于其他角色区域，在创设过程中教师们要关注共享角色区域是否适合小、中、大班幼儿共同参与。因为只有小、中、大班幼儿都能开展的游戏才称得上是共享，才能更好地发挥其作用。例如，"照相馆"，在创设过程中，大班幼儿可以扮演经理、服装设计师、摄影师、宣传员等；中班幼儿可以扮演摄影师、后期制作人、顾客等；小班幼儿则可以扮演顾客参与游戏。小、中、大班幼儿随着年龄的增长与知识经验的不断丰富，可陆续扮演不同的角色，从而促进不同年龄幼儿在共享角色游戏中交往能力的发展。

2. 区域布局关注相互关联

在创设过程中，要考虑共享角色区域与区域之间是否相互关联，因为只有相互关联的多个共享角色游戏区域，才能开展共享角色游戏，才能适合不同年

附录

109

龄班幼儿共同参与游戏，否则很难开展。例如，"小银行""超市"和"美工坊"三个区域紧密相连，幼儿在游戏中可到"美工坊"去打工制作美术作品，可以将挣到的钱存入"银行"，也可到"超市"去消费，如果钱不够了还可去"银行"取钱出来消费。相互关联的共享角色区域为不同年龄段幼儿开展游戏创造了交往机会，提供了便利条件。

3. 区域内容贴近日常生活

在创设过程中还要考虑是否贴近日常生活，因为 3～6 岁幼儿年龄小，知识经验不够丰富，他们关注的生活内容有限。因此，选择源于幼儿的生活、贴近幼儿生活的角色共享区域，有利于调动各年龄段幼儿已有经验，能够更好地激发小、中、大班幼儿扮演不同角色的兴趣，符合幼儿年龄特点与发展需要。例如，"小医院""快餐厅""水吧""串吧"等，都是幼儿日常摸得着、看得见、经常参与的社会性活动场所，较贴近幼儿的生活，符合不同年龄幼儿游戏发展的需要。

（二）全面创建楼道幼儿交往平台

在构建楼道共享角色区域的同时，我们还注重两方面的结合，充分利用空间，搭建更多的可提升幼儿交往价值的平台。

1. 构建固定与流动相匹配的共享角色区域

我们充分利用固定的角色共享区域和边边角角的空间，为幼儿开展共享角色游戏提供了场地，在构建中我们还创新了"流动报亭""早餐车"等流动的共享角色区域，进一步打开活动的空间，为幼儿提供更多的交往机会。活动时，幼儿可以推着"早餐车""报刊亭"在楼道里叫卖，来回走动，既增加了幼儿参与活动的兴趣，又促进了幼儿主动交往，取得了较好的效果。

2. 构建服务与消费相结合的共享角色区域

除了"小医院""超市""水吧"（幼儿可在这里花钱消费）以外，我们还在整体构建区域创设了服务区域，幼儿可以到区域中打工，用自己挣来的钱进行消费，如"手工制作坊""保洁公司""T 台秀"等，有些共享角色区域也招聘服务员、推销员等。服务与消费相结合的共享角色区域创设，使整个共享角色区域串联起来，形成"小社会"的游戏场景。

整体角色游戏环境的构建，充斥了楼道每个共享角色区域，激发了幼儿参与游戏的愿望，为幼儿有效开展交往活动创造了必备条件。

二、全面打造，促进共享游戏的支持性环境

我们注重环境对幼儿潜移默化的影响。教师认真分析幼儿的优势与问题，并结合楼道共享区域，创设了相应的支持性环境，主要从宣传性、教育性和指导性进行创设，使其成为幼儿关注、学习、参与的焦点。

（一）突出共享游戏的宣传性环境

在创设环境中，我们关注小、中、大班幼儿的年龄特点，注重环境创设的宣传性，将最新的宣传版面与角色区域相对应，突出区域的特色，适合小、中、大班幼儿观看。例如，"理发厅"，大大的吹风机上布置了不同发型及其价位，有文字说明、有数字标志、有图解释，符合小、中、大班幼儿的认知水平。又如，"蛋糕房"，明显的三层大蛋糕图片上张贴了不同类型蛋糕及其制作方法，同样有文字、有图解，在宣传区域的同时，适合不同年龄班幼儿识别，吸引着每个参加游戏的幼儿参与、选择的愿望。

（二）突出各年龄段的教育性环境

在环境创设中，我们还关注各年龄阶段幼儿的教育性，将教育内容蕴涵其中。例如，"体检中心"打破以往小班幼儿害怕、不愿参加"小医院"的弊端，将大班保护牙齿、小班健康饮食、中班保护视力的教育内容有机融合、布置在环境中，激发幼儿游戏兴趣的同时，也将教育内容渗透其中，取得了较好的效果。

（三）突出全体参与的指导性环境

再有就是环境的指导性，开展角色游戏，需要幼儿不断丰富相关的知识经验，结合这一特点，在支持性环境中，我们充分挖掘环境的指导作用，使参加游戏的幼儿通过环境，学会简单的游戏方法。例如，炒菜过程图、制作蛋糕流水线、看病五步法、烤串流程等，为幼儿更好、更快地参与游戏提供了便利。

三、寻找规律，挖掘共享游戏交往价值

教师在游戏中要善于寻找、总结规律，促进幼儿有效交往，最大限度地挖掘每个游戏促进幼儿交往的价值。

（一）捕捉材料投放的规律，增加交流的参与点

在共享游戏中，为了进一步增加幼儿交流的机率，我们对投放的玩具材料进行了系统的研究，总结出材料投放的四个规律。即基础材料要到位、分层材料要清晰、合作材料要实用、创新材料要新颖。

1. 基础材料要做到全面、到位

例如，"小舞台"游戏，基本的服装、服饰、音乐、道具等都要提供充足，为幼儿进行游戏奠定物质基础。

2. 分层材料要做到清晰、明确

例如，货架中的商品，分别用数字和标志区分其价格，使其符合小、中、大班幼儿的认知需要。

3. 合作材料要做到真实、实用

例如，"小餐馆"中提供的系列包饺子工具材料，幼儿可以进行分工、合

作，使其在动手操作中，不断积累生活经验、社会经验，促进其语言的交流和发展。

4. 创新材料要做到亮丽、新颖

例如，在"娃娃家"中，教师用废旧材料、自制双面两用电脑，在透明的屏幕中，幼儿面对面操作，提高了幼儿游戏的兴趣，增加了幼儿交流、交往的频率。

四种材料规律的挖掘，提高了玩具促进幼儿交往的价值，发挥了材料促幼儿发展的教育潜能，使幼儿在游戏中能够更有情趣地扮演角色，并进行全方位的沟通与交流。

(二) 掌握时间变化的规律，提高交往的兴趣点

楼道角色区域的创设绝对不是一成不变的，要根据幼儿参与的兴趣、角色扮演的程度、季节发展的变化随时调整与更换，从而提高幼儿的参与兴趣，丰富幼儿的多种社会经验，促进幼儿交往能力的提高。

1. 局部调换

在共享游戏中我们常常发现，开始游戏时幼儿很喜欢，但随着时间的推移，参与游戏的人数越来越少，对游戏失去兴趣。针对这一普遍现象，我们掌握好时间，用局部调换的方式进行调整，如增加、更换玩具材料，轮换角色扮演，丰富幼儿交往语言，教师亲自参与，设置游戏悬念等，从而重新激发幼儿游戏的兴趣，保持游戏的鲜活性。

2. 整体调换

在研究共享游戏中，不难发现角色多、操作性强的游戏幼儿参与时间较长，反之则不然。例如，"小舞台""书店""邮局"等游戏，幼儿基本上在两个月左右就会失去兴趣。而且，随着季节的变化，也会影响孩子参与活动的兴趣。例如，冬天"表演区"不好穿装，夏天游戏时容易出汗，针对这种情况，教师可以根据时间变化整体调换游戏内容，重新为幼儿创设他们感兴趣、温馨、有趣的区域开展活动。

(三) 抓住全面共享的规律，建立沟通的合作点

所谓共享，是使全园幼儿共同参与分享游戏资源，因此，在研究中，我们抓住全面共享的规律，从浅入深，从简到繁，开展了四个层次的共享活动。即同年龄班共享——楼道之间的共享——大带小共享——全园之间的共享，为幼儿多角度、全方位的交流与合作搭建了平台。

四、积累经验，有效开展共享游戏角色指导

在开展角色共享区域活动中，我们不断积累经验，丰富指导策略，为幼儿有效交往拓展舞台。

（一）整体指导把握关键

在整体游戏开展中，教师指导一定要把握指导的关键，即一看、二听、三介入。一看，就是以观察在前，游戏时教师要认真观看幼儿的游戏情况，随时了解游戏时出现的问题。二听，就是认真听幼儿使用了哪些交往语言、听到了哪些过激性语言。三介入，是在一看和二听的基础上发现问题，并在幼儿解决不了的情况下，进行介入。可通过眼神捕捉介入、语言提示介入、角色扮演介入、根据问题出现的情况教师随时调整介入的方式，为幼儿自己解决问题、开展游戏留有充足的空间。

（二）问题指导抓住重点

在角色游戏中，教师往往会发现很多问题，主要有两方面内容，一是共性问题，二是个性问题。在指导中我们要求共性问题要集中指导；个性问题单独指导，两个问题都要抓住重点，运用多种方法，做到及时有效。例如，在共享游戏中，我们发现大部分幼儿实践经验缺乏，导致游戏时交流语言偏少，不知该如何开展，对于这类共性问题我们会进行集中指导：教师讲解游戏，集中解决存在问题；利用同伴资源进行示范模拟，共同分享游戏玩法；家长带动，深入实践，丰富幼儿经验；制作游戏示意图，分解游戏内容；播放录音，提示幼儿该如何遵守规则、使用礼貌用语等。多种方法的运用，丰富了全体幼儿的实践经验，解决了普遍存在的问题。当个别幼儿出现不会玩、不想玩的现象时，教师则及时分析幼儿存在问题的原因，并通过单独交流、进行指导，有的放矢地解决问题。两种指导方法的运用，保证了幼儿游戏的顺利开展。

（三）分层指导注重方法

在开展全园共享游戏的过程中，对于来参加游戏的不同年龄班的幼儿，教师给予的指导语应截然不同。小班以参与性指导为主：教师在指导中要与幼儿一起游戏，通过与幼儿的交流沟通，丰富幼儿的语言，教会幼儿游戏的玩法。中班以提示性指导为主：教师在游戏指导中，可为幼儿提供适宜的提示性语言，如："你们两个轮换着玩就更好了！""你能帮助小妹妹做一个蛋糕吗？"提示语的运用，丰富了幼儿解决问题的方法，促进了游戏的进一步开展，大班以设疑性指导为主：教师在指导中要多为幼儿创造解决问题的机会，发挥幼儿自主性，如："你认为该怎么解决这个问题呢？""你有什么好办法呢？"在引导幼儿思考问题、解决问题的同时丰富了幼儿的知识经验，促进了幼儿交往能力深入发展。通过不同层面的指导，拓宽了教师指导方法，打开了幼儿自主游戏的空间，为幼儿深入交流、交往提供了有效的帮助。

共享角色游戏的研究，进一步深化了我园办园特色，促进了幼儿全方位交往能力的提高，为教师积累了丰富的指导方法和实践经验，真正实现了幼儿发展、教师提高的双赢目标。

（此论文荣获 2015—2016 学年度北京市基础教育科研优秀论文评选一等奖）

尾注：此论文为北京市教育科学"十二五"规划青年专项课题（2011 年度）研究成果。

课题名称：《在共享角色游戏中提高幼儿交往能力的研究》

课题负责人：李军彩

课题批准号：CCA11076

浅谈如何逐步提升小班幼儿共享角色游戏的质量

王 岩

我园通过将楼道内共享角色游戏的背景和小班幼儿身心发展的年龄特点进行结合，创建了全新的共享角色游戏——农艺体验园（以下简称"农艺园"）。农艺园的创建吸引了全园幼儿的视线，一个鲜活的农家小院就这样在幼儿园落户了。放眼望去，金灿灿的老玉米，白色、紫色的大蒜头及其他琳琅满目的果实，都在大红灯笼的映照下熠熠生辉。农艺园就是农家院的缩影，为幼儿提供了一个体验农活的平台，使幼儿能够充分体验农艺劳动并从中收获快乐与满足。那么，如何逐步完善农艺园，使它能够成为幼儿适宜发展的助力呢？这需要教师不断从幼儿的游戏过程中发现问题、思考问题和解决问题，深度挖掘幼儿游戏的潜能，使共享角色区成为幼儿提升经验和实现自身价值的舞台。以下就是针对农艺园创建以来所出现的问题，来谈一谈如何逐步提高小班幼儿共享角色游戏的质量。

一、提升质量，三个及时是关键

农艺园创建初期就遇到了许多的难题，如环境布局规划、游戏内容设置，还有所创设的环境与内容是否适合幼儿游戏过程中的操作和体验等。理想和实践的差距往往都是超乎想象的，教师将游戏无论设计得多么华丽，归根结底都是为了让幼儿更好地操作，所以共享角色区是否满足幼儿发展的需要，还是要看孩子们是否能够真正地融入这个只属于他们的小社会当中。在研究与探索之前，作为教育者所必须遵循的就是提供给幼儿充分操作和反复游戏的机会，再通过细致认真的观察发现游戏中存在的问题，从而进行有针对性的调整，只有这样才能真正起到促进幼儿游戏水平提高的作用。为了提高幼儿游戏活动的质量，我提炼了教师在指导共享角色游戏中的"三个及时"——及时发现、及时把握、及时调整。

（一）及时发现

及时发现指的是教师要及时地发现幼儿游戏过程中所遇到的问题。比如小班幼儿在农艺园的体验过程中就遇到过剥不开开心果壳或者挤不动花生壳的问题。如果教师没有发现这个问题，那么小班幼儿很可能在全程的体验中一直为剥不开果壳所困扰，那么将势必影响幼儿对游戏的体验。还有一些幼儿，特别是男孩子，体验了一会儿就觉得没意思，想要离开，如果没有其他吸引其注意的活动，很可能会造成农艺园"客流流失"的问题。

（二）及时把握

及时把握指的是根据及时发现的问题，把握幼儿的身心发展及年龄特点，选择适合幼儿发展的材料。游戏材料的数量与种类影响着幼儿操作的效果，适宜的材料能够有效促进幼儿的游戏，不适宜的材料则会抑制幼儿游戏的积极性。所以，我们及时对小班幼儿的操作材料进行了调整，将难剥的生花生换成了炒熟的花生；将开心果换成了蒜瓣儿，以便操作的过程更符合幼儿发展的水平，更好地促进幼儿的动作发展。

（三）及时调整

及时调整指的是及时根据发现的问题及幼儿的身心发展和年龄特点调整适合幼儿游戏操作的环境及材料。对于小班幼儿来说，枯燥的持续性操作缺乏新异刺激，从而易使幼儿失去对游戏的兴趣，所以，设置丰富的共享角色游戏环节对小班幼儿来说尤为重要。为此，我们丰富了农艺园的功能墙，在原有的材料及资源的基础上新创设了"花生三步曲""农艺博物馆""开业大酬宾海报"等栏目，成功地吸引幼儿纷纷前来体验，充分地利用农艺园的资源，使幼儿在动手体验的同时开阔了眼界，认识不同种类的瓜果蔬菜。我们还根据本班幼儿的个性特征增加了"接待员"和"服务员"两个角色，减少了教师在活动中所占的比重，强调和发挥幼儿的主体作用。在园内领导班子的指导下成功地和园内另一共享角色区"超市"相结合，通过在农艺园体验完的成果可以在超市"换购区"进行换购，来实现园内共享角色游戏相互之间的融通。

二、巧用资源，家园共育是重点

家长资源对于幼儿来说是强有力的支持，特别是小班幼儿的家长具有较高的积极性，愿意配合老师完成班内的各项工作。在农艺园创建过程中，家委会发挥了重要作用。家长们通过微信群得知农艺园缺少资源，都纷纷表示要帮助班上进行物品添置，家委会三位家长主要负责协调，几乎每位家长都为农艺园贡献出自己的一份力量，短短一个星期，农艺园就初具规模，保质保量按期支撑了班内幼儿的共享角色游戏，这与班上的每位老师与家长的努力都是分不开的。

我班小朋友润润是农艺园的"金牌接待员"，在日常的活动中，润润起到了重要作用，主要负责招揽顾客、收款和发放衣服等。润润妈妈在得知儿子的小任务后非常高兴，回到家中便帮助润润练习简单的礼貌用语，效果显著。润润妈妈还准备了具有乡村风格的棉坎肩、草帽、毛巾，把润润这个"金牌招待员"打扮得更加符合农艺园的风格，成为了农艺园的特色。我想，这便是家园共育的良好体现，家长们的理解支持与配合，是教师开展工作的不竭动力。

三、自主创新，个性发展是根本

进行共享角色游戏的意义就在于幼儿能够在为他们量身打造的区域中自由进行体验，在于与同伴不断地互动中促进交往能力的发展，在于获得新的知识经验。对于幼儿的游戏，教师不必进行过多的干预，但必要的观察与指导能够促进幼儿游戏水平，只要是孩子想到的，不妨鼓励他们勇敢尝试，特别是小班幼儿，对于他们来说，每一次尝试都是一种进步。

（一）自主选择，体现个性化发展

作为教育的践行者，我们往往容易陷入误区，被一些所谓的规则束手束脚，无形当中将一些成人的想法强加给孩子。幼儿园教育不同于学校教育，两者的性质可以说是截然不同的，幼儿教师的职责不是"上课"，而是组织幼儿开展"游戏"活动。也许从潜意识中我们认为组织游戏要比上课要难，在过去的许多年里，我们接受了太久的应试教育，那种服从、墨守成规的意识在脑海里根深蒂固。可是社会真正需要的是全面的复合型人才，人人都能做到的事情，我们还要花费大量的时间和精力去重复吗？我们要做的应该是鼓励孩子的奇思妙想，为幼儿营造充分展现自我的空间，做孩子的圆梦者。

有一次，心蕾在农艺园体验农艺蒜瓣，她一开始剥得很好，剥了一会就帮助其他小朋友剥，过了一会儿又帮助接待员润润给中、大班的哥哥姐姐们发密封袋，一会又帮着招揽顾客、帮顾客叠围裙，忙得不亦乐乎。也许她不像孩子那样低头一直做自己的事，但是也正是她的热心，使她成为了农艺园的"金牌服务员"。小班幼儿本身其实具备了很多特质，小小的脑袋瓜里都是满满的智慧，有些事情只要用心发现和适当指导，他们就能够做得很好。无论是他们的小社会，还是时代大社会的背景，每个人都有着不同的价值。观察每个幼儿的个性，发现每个孩子的闪光点，你会看到他们满足的笑容是多么得灿烂夺目。

（二）不断创新，促幼儿全面发展

记得有一次一个大班幼儿来参加农艺园体验，他剥一会就左顾右盼，剥一会就左顾右盼，好几瓣剥完的蒜上仍然还有很多蒜皮，我鼓励他剥干净并多剥一些，并且告诉他剥完的蒜可以带走，还可以去换购区换取工资，这样他就可以去超市买好吃的东西了，于是他又剥了几瓣。过了一会，我们班的璐璐小朋友也加入到了剥蒜的行列中，他们俩互相帮助，当璐璐剥不动的时候，大班的小朋友还主动帮助璐璐，很快，他俩就剥完了整整一头蒜，剥得又快又好。他们两个站起来准备脱掉工作服，璐璐遇到了一点小困难，只见那个大班的小男孩耐心地帮助璐璐解开系成死扣的围裙带。后来，我开口问道："你好，请问你叫什么名字？今天你剥得真好，欢迎你下次再来体验其他的活动好吗？"他高兴地点点头，告诉我他叫冬冬。我又问道："那你想不想参观一下我们的农艺博物馆？我帮你介绍一下。"他又点点头。于是我带他认识了农艺博物馆里的各种瓜果蔬菜，尽管他是大班的小朋友，但是对于平时不常见的果实，他仍不是很了解，这点更坚定了我将农艺博物馆做大做好的信心。之后，我结合农艺园的特色还设计了一节科学领域活动——罐子里的声音，并且带领全班小朋友参观了农艺博物馆，看、摸、尝，认识了花生、栗子、玉米、南瓜等果实。这些果实其实离幼儿生活很近，稍加用心孩子们就会对此感兴趣，了解到更多、更全面的知识。

幼儿的共享角色游戏质量是教师和幼儿在不断的实践当中逐步提升的，要让孩子快乐地玩，玩出思考、玩出花样，当然，这需要教师在日常的教育实践中不断地用心去探索。

（此论文荣获 2015 年北京市第七届"京研杯"教育教学成果二等奖）

试论幼儿角色游戏共享的指导策略和实施

闫思思

角色游戏是幼儿反映现实生活的一种形式，是幼儿按照自己的意愿进行的一种活动。幼儿根据自己的生活经验，创造性地反映周围现实生活，由幼儿自己确定游戏主题，构思内容，分配角色和确定规则，更多地发挥创造性的有趣的活动。角色游戏是幼儿喜爱的一种活动，也是极好的教育手段。因此，我作为幼教工作者应遵循幼儿身心发展的特点，从幼儿的兴趣出发，更大效能地发挥游戏在幼儿教育中的作用，开展多种主题的角色游戏共享活动。

幼儿园分小班部和中大班部，各部均以楼面为单位创设公共区域的游戏场地，主要包括各班的教室和走廊公共区域。在开展混龄班角色游戏时，幼儿可自由穿梭于两个教室及走廊公共区域的游戏场地中，共享游戏空间。依据幼儿不同的年龄特点和兴趣需要，混班角色游戏的空间设置在小班和中大班有着不同的体现。如小班游戏空间设置以"小家庭与大社会"的形式呈现，各班教室内游戏区域设置以私密空间、小家庭的形式出现，走廊公共区域的设置则以繁华热闹的大社会形式出现。"小家庭与大社会"的互动，让幼儿体验不同主题游戏的乐趣，不断自主生成游戏内容。随着幼儿的游戏水平和经验都有了提升，游戏空间设置以"小创造与大智慧"的形式呈现，如喜洋洋超市、美羊羊美发厅、月亮美工坊、阳光 T 台秀、维尼照相馆等适宜中大班幼儿操作的游戏区域。

一、幼儿角色游戏共享的准备

（一）知识准备

（1）区域内容要丰富，能为幼儿提供选择的内容和材料。

（2）区域设置要符合现阶段幼儿年龄特征，不宜过深或过浅。

（3）区域内容的种类要有利于幼儿创造力、想象力、动手能力的发展和提高。

（4）要有健全的幼儿活动观察记录，以便教师总结、发现问题，及时改进和提高。

（二）材料准备

（1）游戏材料应该是常见的、安全的。

（2）游戏材料的收集应该由老师、幼儿和家长协助共同完成。

（3）游戏材料应满足儿童多方面发展的需要。

（4）游戏材料应适合各年龄儿童的发展水平。给小班儿童提供的一般是能引起其对熟悉的周围（家庭）生活回忆的、比较逼真的玩具材料；中班儿童随兴趣、能力的发展，对玩具种类要求增加。应多提供数量充足、内容丰富的玩具材料，以满足幼儿不断增长的游戏需要；大班儿童已经能有目的地选择所需的玩具材料，对玩具细节特征有了较高的要求，如他们会用精致的材料打扮娃娃或自己。我们要多为孩子的这种需要提供更丰富的半成品材料，以满足其不断增长的认知和审美的需要。

（5）游戏材料要符合一定大小比例。

（6）提供的成品材料，应该是儿童熟悉的，能引发孩子的游戏欲望。

（三）环境准备

环境的设计和安排对吸引幼儿参加角色游戏起着重要的作用。活动室可分成几个区域进行不同的角色游戏。为了方便幼儿选择自己喜欢的游戏，减少活动中的相互干扰，需要把不同区域稍微隔开。从天花板上悬垂下的纸板门窗、画着花草和卡通人物的纸围墙、有序摆放的包装箱、桌椅等，都能巧妙地将各个游戏区隔开。每个游戏区的空间要足够大，游戏区内不同作用的空间要明确分开。这样的安排能使孩子们很快理解每个区域的游戏主题，能尽快参与进来并扮演角色。

二、幼儿角色游戏共享的指导策略

（一）适时培养幼儿对角色游戏的兴趣

1. 允许幼儿自由选择

只有根据幼儿自己内在的需要和兴趣而选择的游戏才是真正快乐的游戏。教师在组织幼儿开展角色游戏前，可以观察孩子日常活动的情况，如孩子喜欢什么样的游戏主题、内容和玩具材料，孩子近来感兴趣的是什么，孩子通常和谁一起玩等。教师根据自己的细心观察和了解，鼓励孩子们自由地去选择自己需要和感兴趣的游戏，从而获得自由选择的快乐。在鼓励孩子自己选择时，教师应让每个孩子都享有自由选择的权利，并且明确表明自己的支持态度，使孩子们在轻松自如的氛围中学会选择，敢于选择，由此培养孩子的自主意识。

2. 坚持分层次指导

不同的年龄阶段，幼儿游戏发展的层次水平各不相同，如小班孩子的角色游戏以模仿为主，大班孩子的角色游戏则以创造为主。教师应针对不同的年龄段，选择不同的侧重点进行指导，以达到开展角色游戏的目的。例如，小超市的打工区在接待不同年龄段幼儿时制定不同的教育目标。引导小班幼儿操作简单面巾纸装包；要求中班幼儿便可以稍加一点难度，按照一定规律进行穿项链的制作；指导大班幼儿可以制作一些精美的头饰或者是一些漂亮的发卡等。根据幼儿年龄特点进行操作。

3. 适时给予随机指导

有些教师认为，游戏的目的就是让孩子玩，孩子怎样玩都没关系，成人不要随便进行干预和指导，因为成人的指导会影响孩子游戏的正常开展。其实，这种想法并不完全正确的。游戏作为幼儿的一种自由自主的活动，教师少干预是正确的，但少干预并非说就不要教师的适当指导，教师观察了解幼儿在游戏中的表现，对幼儿进行随机指导，在幼儿需要时积极回应和支持，不但不会影响孩子游戏的开展，而且更能激发孩子参与游戏的兴趣。比如，教师以角色的形式参与到幼儿的游戏中，就可丰富幼儿角色游戏的内容和情节；教师参与到年龄小、能力弱、胆子小幼儿的角色游戏中，能帮助这些幼儿增强角色意识，他们在游戏中更能获得成功的体验和游戏的乐趣。

（二）幼儿参与角色游戏对其发展的重要性

角色游戏是孩子们获得知识、能力的最佳途径。它体现了幼儿的主人翁精神。角色游戏有利于幼儿良好品质的形成，有助于培养幼儿自主意识，培养幼儿的自信心，有利于培养幼儿的竞争意识，还有利于培养幼儿的创造力。总之，它能够促进幼儿的全面发展。《幼儿园教育指导纲要（试行）》中明确指出："幼儿园应与家庭、社会密切合作，与小学相互衔接，综合利用各种教育资源，共同为幼儿的发展创造良好的条件。"幼儿的发展是个体因素与周围环境主动、积极地相互作用的结果，幼儿的学习离不开自身的探索、操作与表现，它体现了幼儿的主人翁精神，在角色游戏中幼儿的思维活跃，想象丰富，他们能够利用已有的社会知识经验积极主动地参与游戏。它是幼儿对现代生活的一种积极主动地再现，能促进幼儿品质、行为能力的提高和意识的增强，真正体现了现代的教育宗旨。

（三）角色游戏有利于幼儿良好品质的形成

当今社会家庭中的孩子大多数都是独生子女，以自我为中心是他们的特点，很少能够想到主动地去关心别人，不过在角色游戏中，孩子们能够充分体验到关心别人、帮助别人的乐趣。如在玩角色游戏"娃娃家"时，孩子们不仅能当好"爸爸""妈妈"，还能照顾"生病"的"宝宝"，让我感到非常高兴。因为在平时的生活中，小朋友们玩玩具总是你争我夺，不知道相互谦让，但通过游戏，他们变得懂事了，连一向任性的小朋友在扮演"宝宝"的角色时，也能够听"爸爸""妈妈"的话，做一个乖巧的宝宝。因此，在游戏过程中不仅能锻炼幼儿动手动脑的能力，又可以使幼儿体验到帮助别人、照顾别人的快乐，品尝到团结合作的乐趣。

（四）角色游戏促进培养幼儿自主意识

1. 创设自主游戏环境

我们要创设一种自主游戏的环境，使教师真正成为幼儿学习活动的支持者、合作者和一个成功的引导者，让幼儿在活动中主动和谐地发展，营造民主、和谐的心理环境，关爱照顾每一个幼儿，使他们在原有水平上获得发展。

2. 创设自主游戏条件

自主游戏就是让幼儿自主选择游戏主题，自己动手准备游戏材料，自己确定所扮演的角色，从内容、材料到玩伴完全由幼儿自主选择、自由搭配。如"小商店""小医院"等游戏，我首先帮助幼儿确定主题，然后让孩子们商量准备哪些材料，如何去准备，让幼儿自己讨论并形成一致意见，然后由幼儿自己或家长帮助搜集材料。幼儿和家长都非常乐意，他们纷纷从家里把饮料瓶、玩具等带来设置"小商店"，从医院找来药瓶、吊水瓶等布置成"小医院"。通过让幼儿自主选择游戏主题，自己动手准备游戏材料，自己决定所要扮演的角色，把主动权给幼儿自己，孩子的内心感受得到体现，自主性得到了发展。

三、幼儿角色游戏共享的实施

（一）在游戏过程中注重交流

在小医院的游戏活动中，时间在慢慢过去，却一直没有病人来看病。于是，医生在办公室里百无聊赖地整理着自己的穿戴，一名护士在挂号处整理材料，另一名护士反复地消毒着医疗器具。又过了一会儿，小医院还是没有病人来看病，于是医生和护士干脆坐在一起相互聊天了。

在游戏交流分享时，老师应引导幼儿就"医院里没有病人来看病，大家该做些什么"展开讨论。通过讨论分析孩子们认为：没有病人是因为医院比较偏僻，还有许多人不知道这里有家医院。那么，怎样才能让医生为病人看病呢？除了等病人上医院来看病，医生还可以做些什么？在引导幼儿联系生活经验拓展游戏内容时，新的游戏角色和内容产生了：病人不来，就主动出击，一名幼儿扮演发放免费体检单的护士，让他们体验免费体检，扩大医院的"知名度"。

成功的交流与分享，有助于提升幼儿的积极情感，培养幼儿的创造性思维和开放性思维，分析问题解决问题的能力，提升游戏中的角色意识和对社会行为规范的认知水平，提高角色游戏的质量和价值。

（二）创造条件和建立游戏规则

运用图标明确游戏规则。有时候一个简单的图标胜过千言万语的表达。在游戏分配时，如果人数过多会出现争抢、拥挤的现象，倘若在游戏区贴上人数的规定，幼儿看到数字之后，如果人数过多就会主动去别的游戏区，相反如果游戏的人数比规定的人数少，幼儿可以自主去参与活动。幼儿的能力发展存在差异，部分幼儿对于一些游戏的玩法不能熟练掌握，造成"随意游戏"的现象；如果配有操作流程图标的提示，可以提醒幼儿。在"小医院"游戏中，可以设计"挂号→门诊→取药→输液"的动态流程图标，避免盲目游戏的现象。

（三）教师在游戏指导中的介入

在开展角色游戏的过程中，及时介入对角色游戏进行指导是至关重要的，

但是作为教师，如何在不影响幼儿游戏开展的情况下，对幼儿进行适时且恰如其分的有效指导和帮助，使幼儿的游戏水平得到提高，是我们在日常实践中思考的难题。当孩子主动来寻求帮助时，老师介入游戏并引导孩子想办法解决出现的问题。当幼儿发生争执，游戏无法进行下去时，老师及时介入提示，使游戏能顺利地继续开展，所以老师适时恰当地介入是十分有效和合理的。在角色游戏的过程中，不同年龄、不同生活经验、不同能力水平的幼儿都会从中自得其乐，获得不同的发展。教师在游戏中最好多观察、少干预，必要的时候介入，指导游戏最关键的是尊重幼儿的游戏意愿，介入的目的是支持幼儿的游戏，指导的结果以顺应幼儿的游戏意愿推进游戏，不要用自己的意愿强加于幼儿，没有十分的把握时可以试探性介入，不合适的话可以及时退出。

（四）教师在角色游戏中帮助幼儿角色意识的培养

角色游戏是幼儿认知社会角色，理解社会角色关系的主要途径。在角色意识和角色扮演能力培养前，要让孩子们走进生活，丰富幼儿的社会经验，孩子只有多接触社会，多接触生活，才能增加对不同社会角色的感性认识，注意引导孩子观察人们在干什么，人们之间的分工和关系如何，等等。

结论

幼儿良好角色意识和角色扮演能力的培养，需要循序渐进，开展的形式也应灵活多样，情景内容的设计也要与儿童日常生活密切结合，这样不仅可以不断地提高幼儿的角色意识和角色扮演能力；还可以提高儿童在特设情景下的助人行为及其动机水平；提高其日常生活中的亲社会行为水平，使儿童的消极社会行为显著降低，促进幼儿心理和生理健康的全面发展，为适应未来社会打下良好基础。

（此论文荣获 2015—2016 学年度北京市基础教育科研优秀论文评选三等奖）